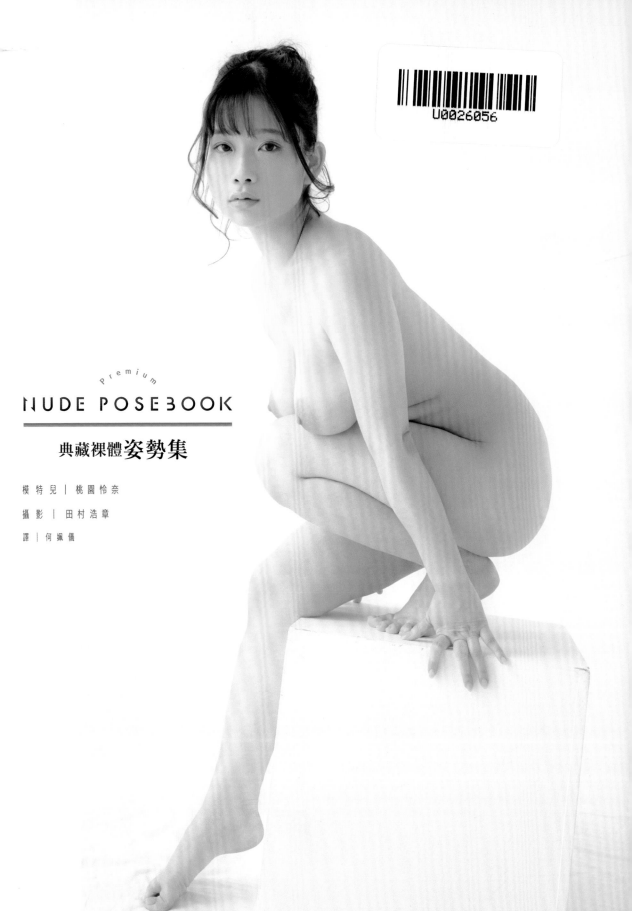

Premium

NUDE POSEBOOK

典藏裸體姿勢集

模 特 兒｜桃園怜奈

攝 影｜田村浩章

譯｜何姍儀

C O N T E N T S

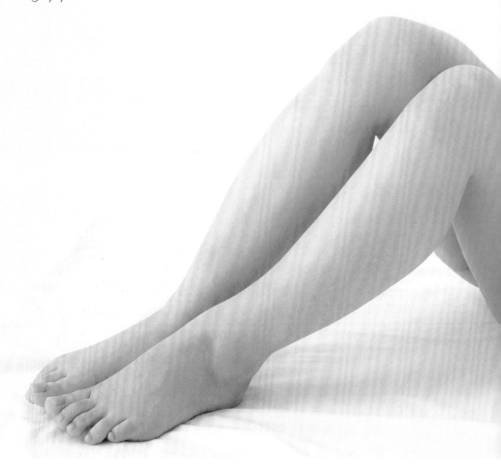

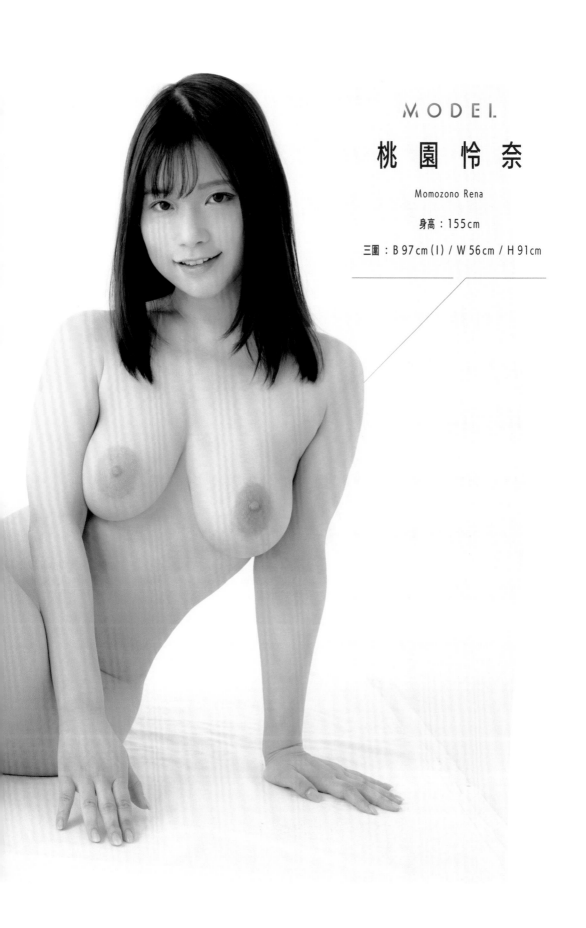

MODEL

桃 園 怜 奈

Momozono Rena

身高：155cm

三圍：B 97cm（I）/ W 56cm / H 91cm

前 言

女性的胴體真是千嬌百媚、娉婷婀娜！長久以來一直被知名藝術家作為作品題材的女性肉體，根本就是激發無限想像的美麗與創造泉源。手正拿著這本姿勢集的你，不也是被女性胴體的美所吸引的其中一個畫家嗎？

本書收錄了裸體模特兒盡其所能所擺出的各種姿勢，並從不同的角度來拍攝，好讓讀者在尋找人物素描資料時能大大地派上用場。除了站、坐、躺等人物畫的基本姿勢，書中亦收錄了不少性感動作，讓女性獨有的柔和豐腴曲線一覽無遺。此外，本書還採用了大開本來進行照片排版，讓大家在將其當作素描資料利用時，可以更加容易觀察模特兒的姿勢變化。

不論是擅長裸體素描的中高階繪者，還是初次挑戰人物畫的新手，一定都能從本書中找到想要提筆試畫的動作。那麼，大家趕緊打開素描本，試著把喜歡的姿勢畫下來吧！

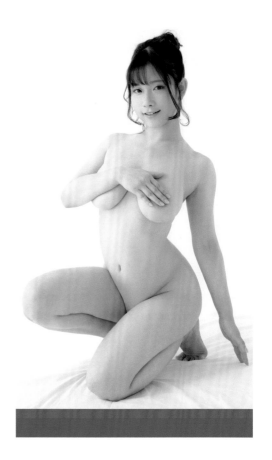

Chapter
01
Standing
Pose

人體素描的基本動作——站姿。
讓我們一邊留意身體軀幹方向及重心位置，
一邊試著加以描繪吧。

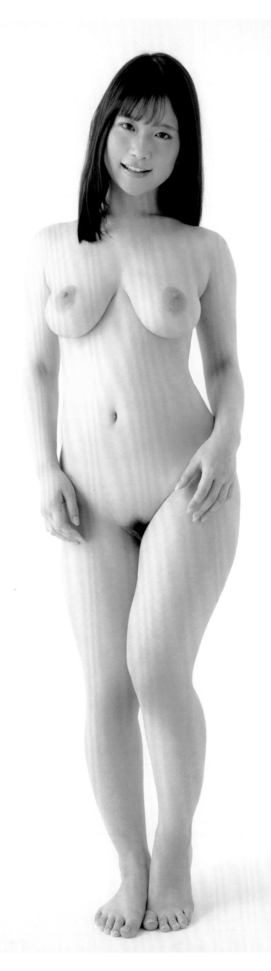

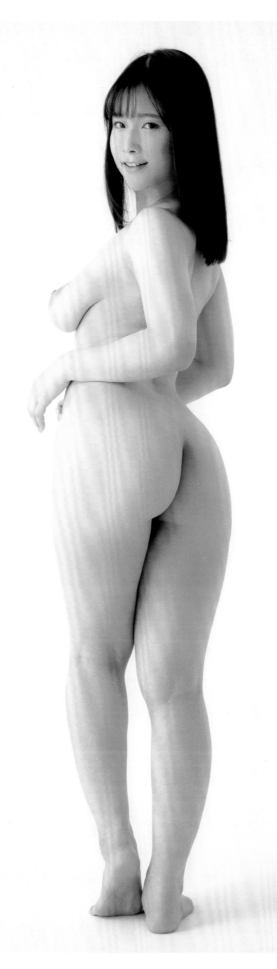

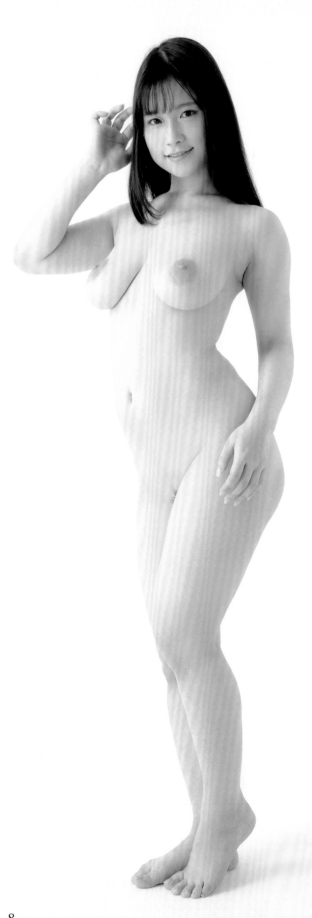
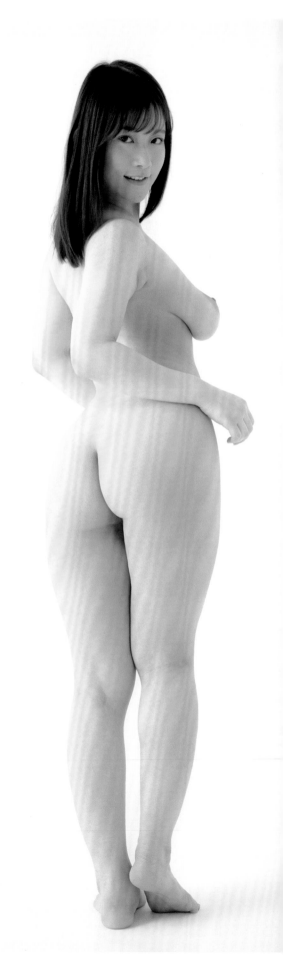

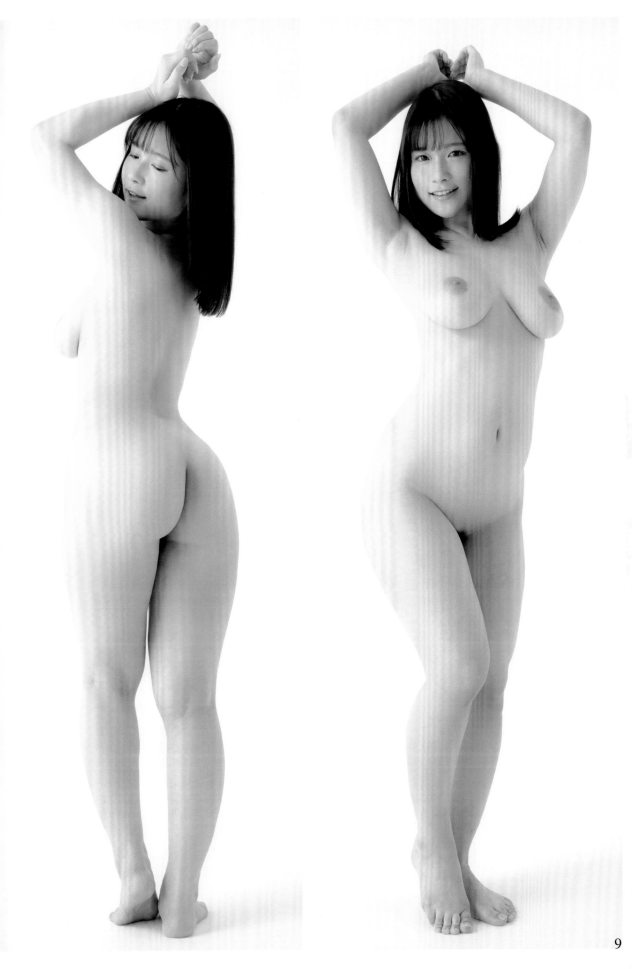

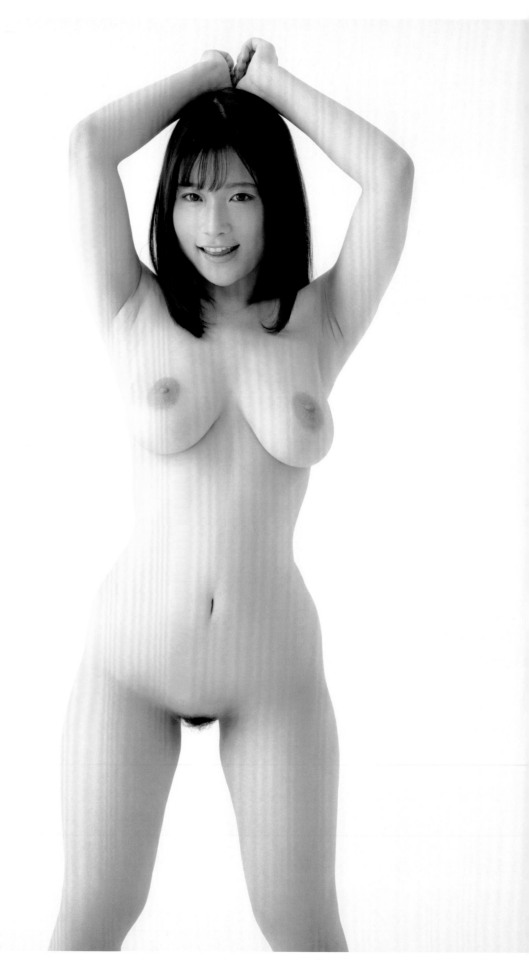

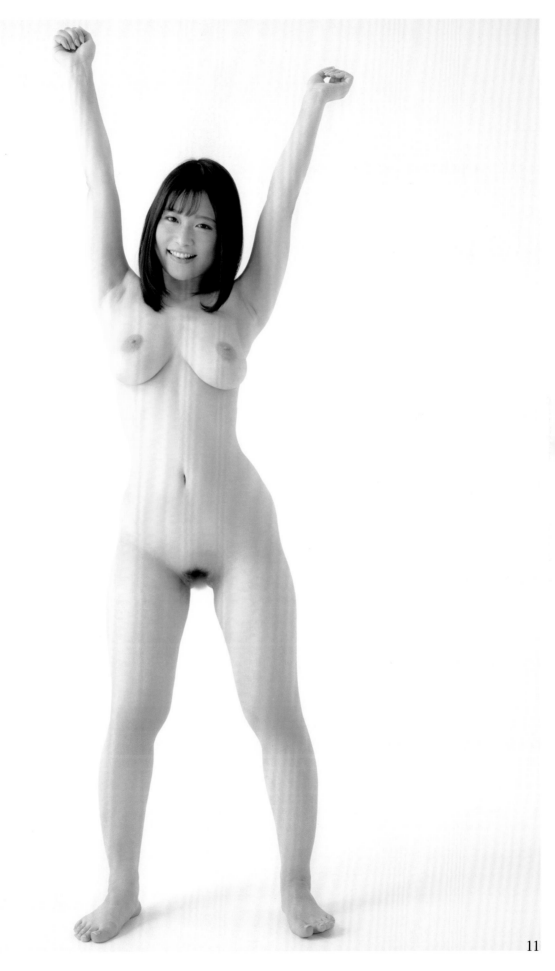

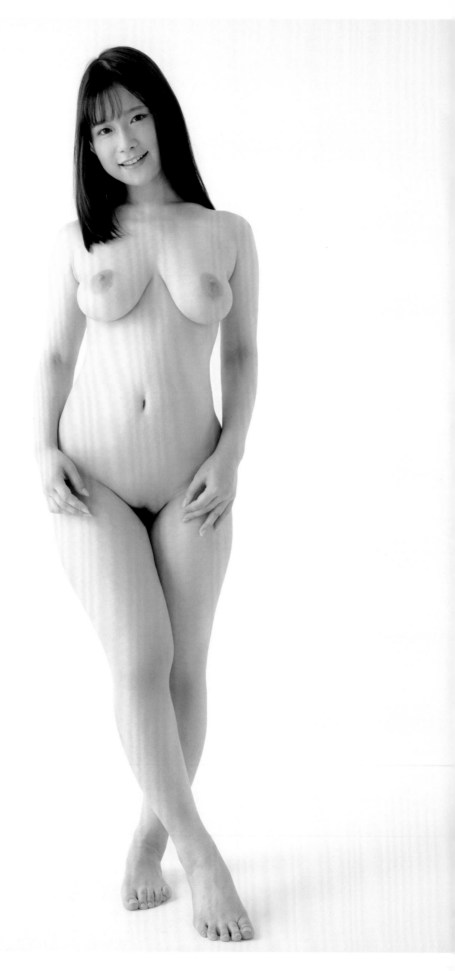

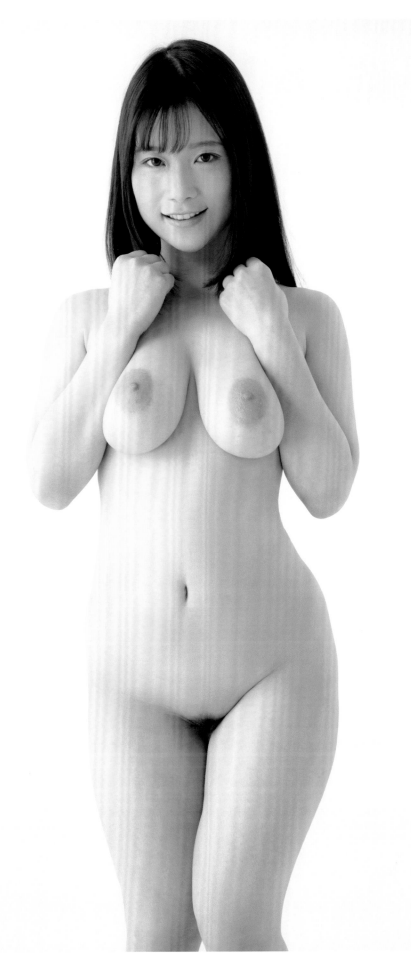

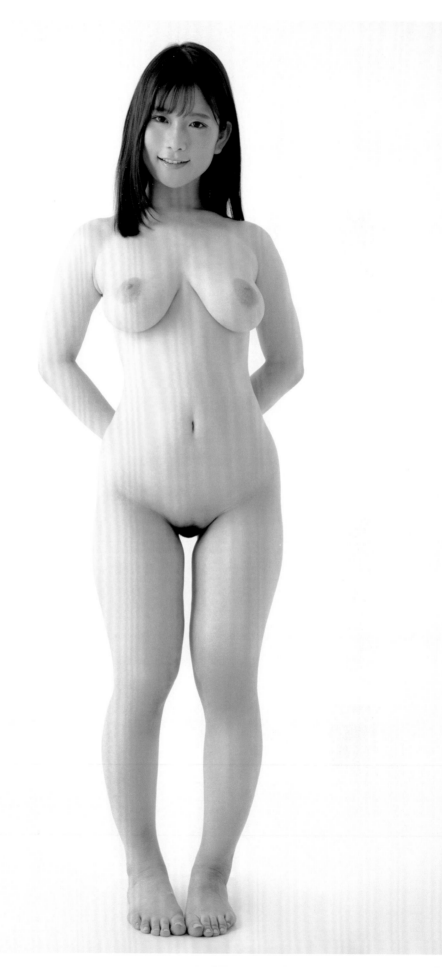

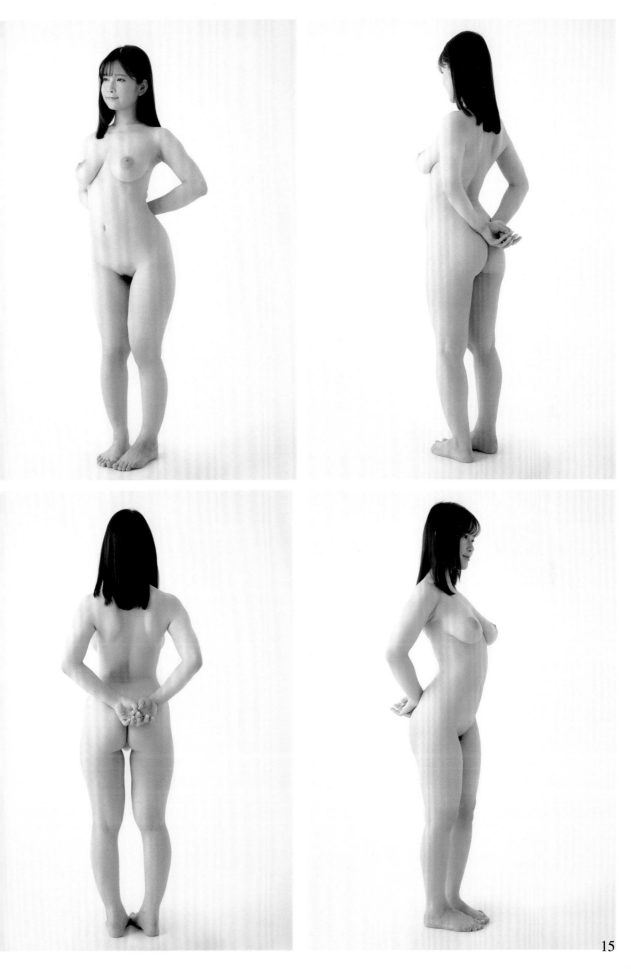

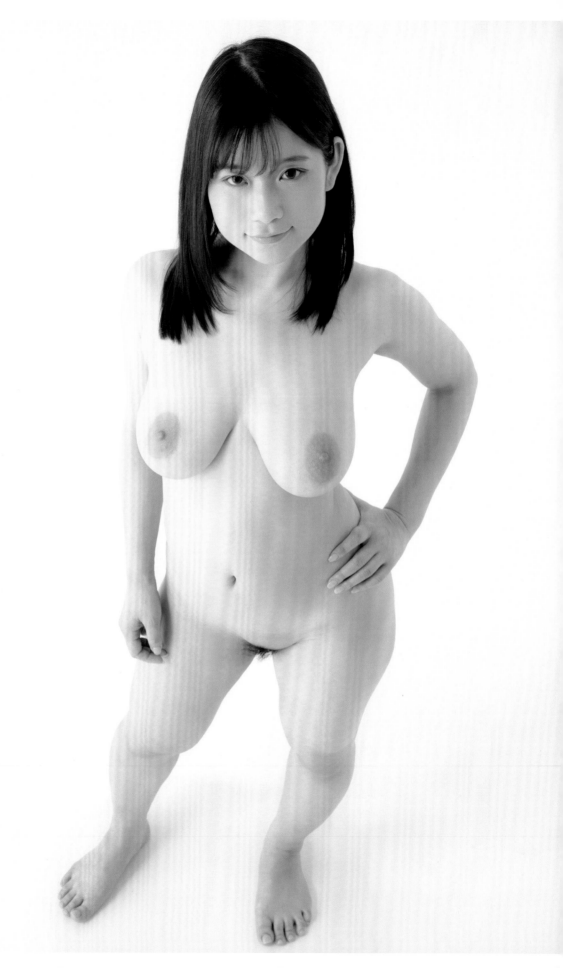

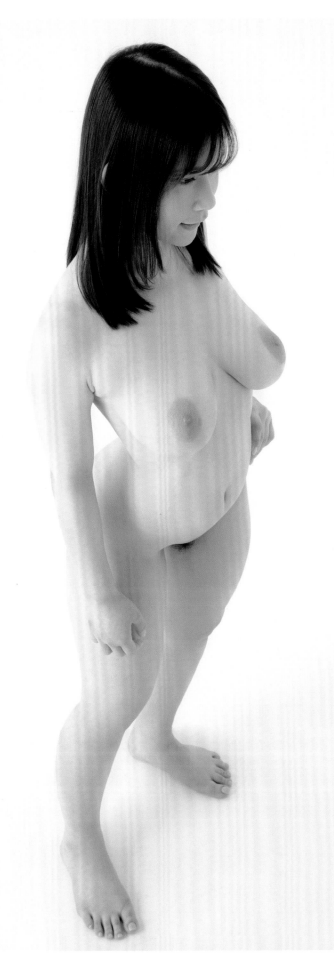

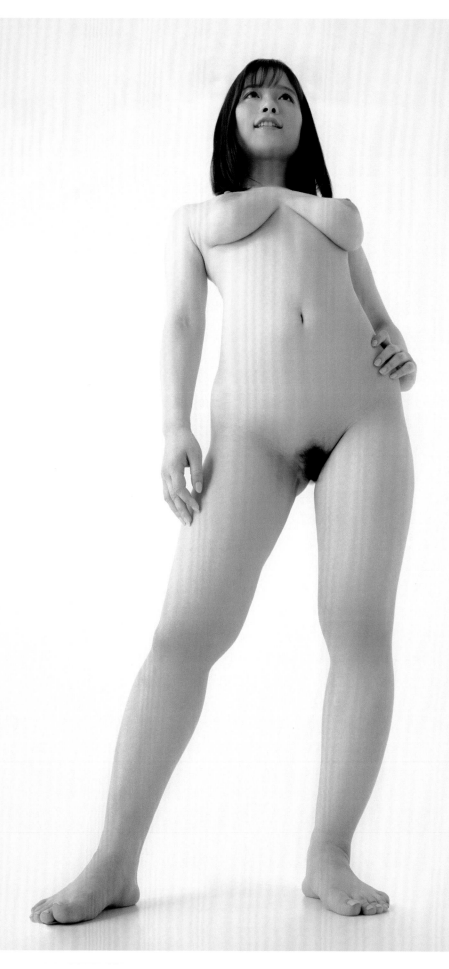

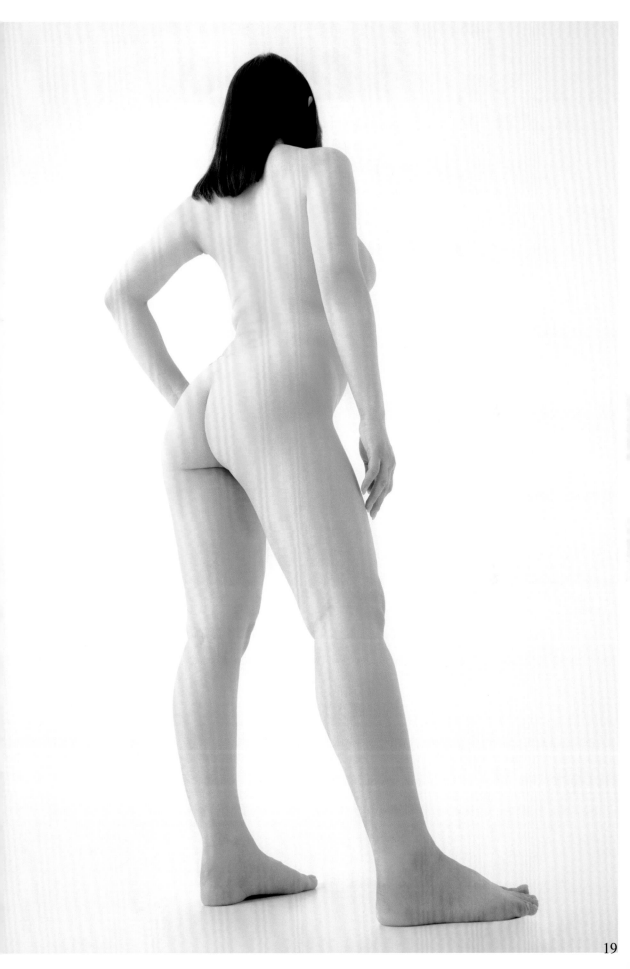

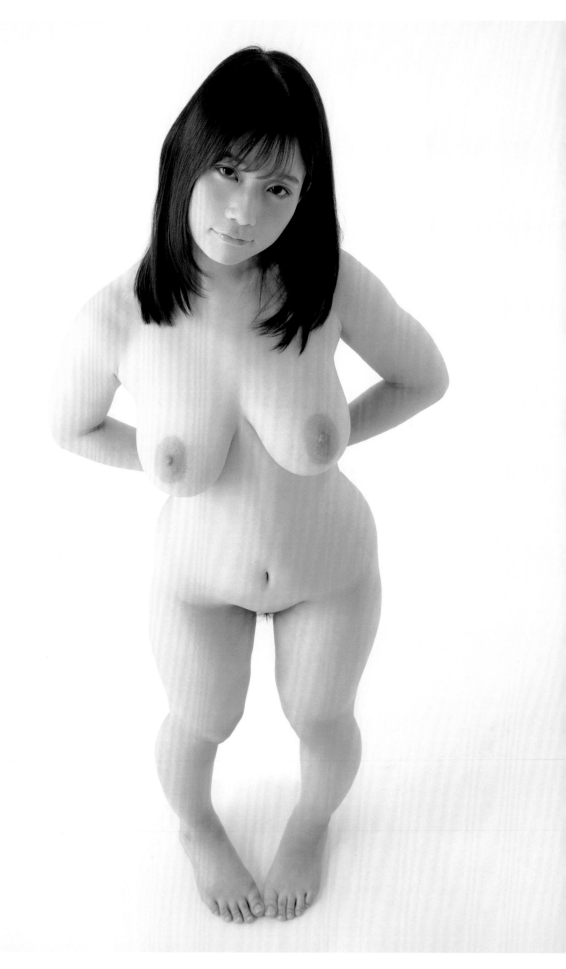

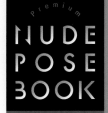

NUDE POSE BOOK

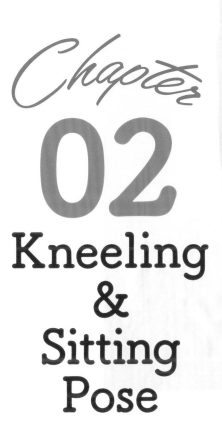

Chapter

02

Kneeling & Sitting Pose

充滿女人味、曲線畢露的坐姿。
讓我們一邊仔細觀察落在地板的陰影，
一邊試著加以描繪吧。

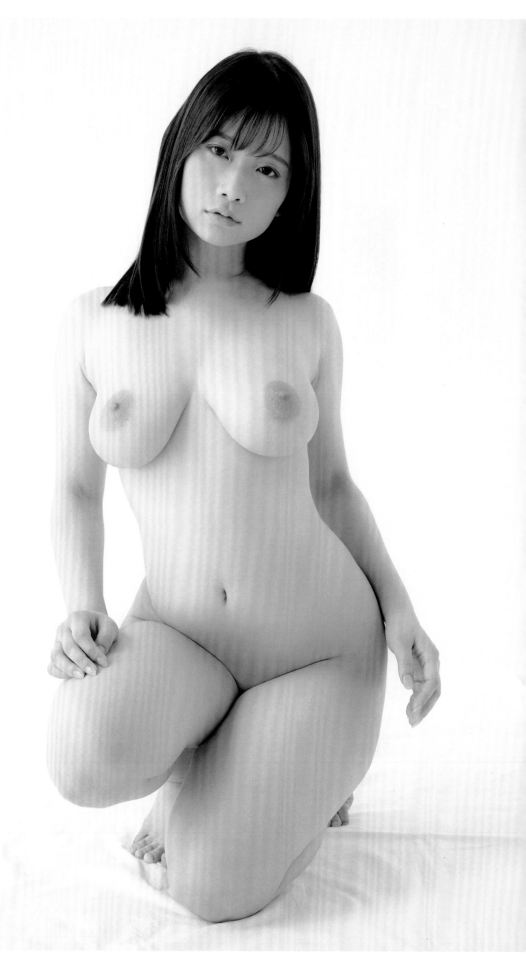

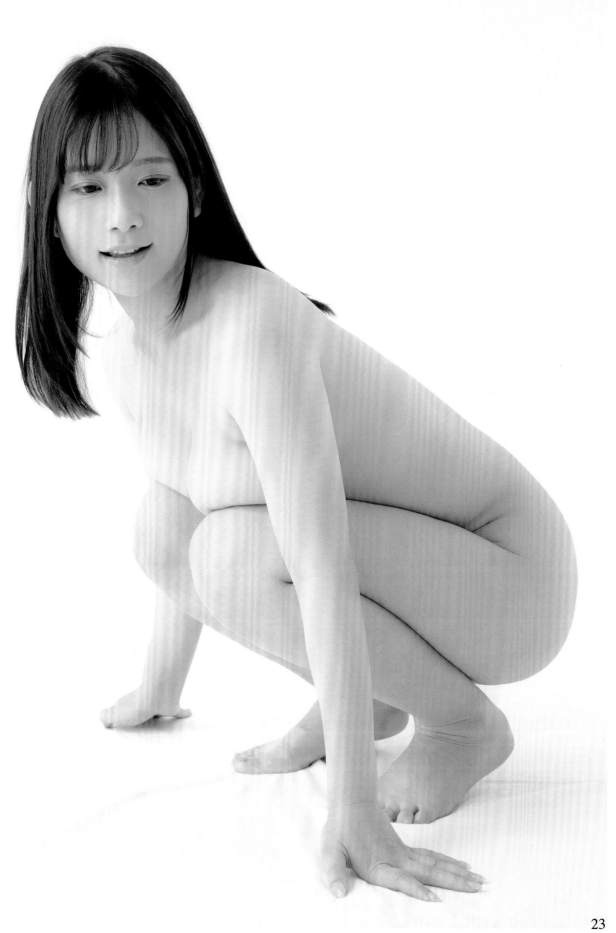

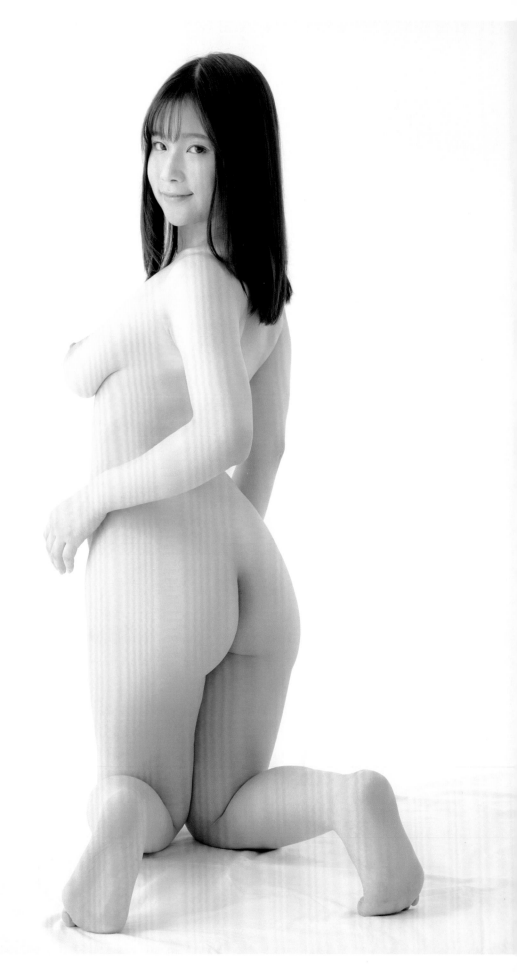

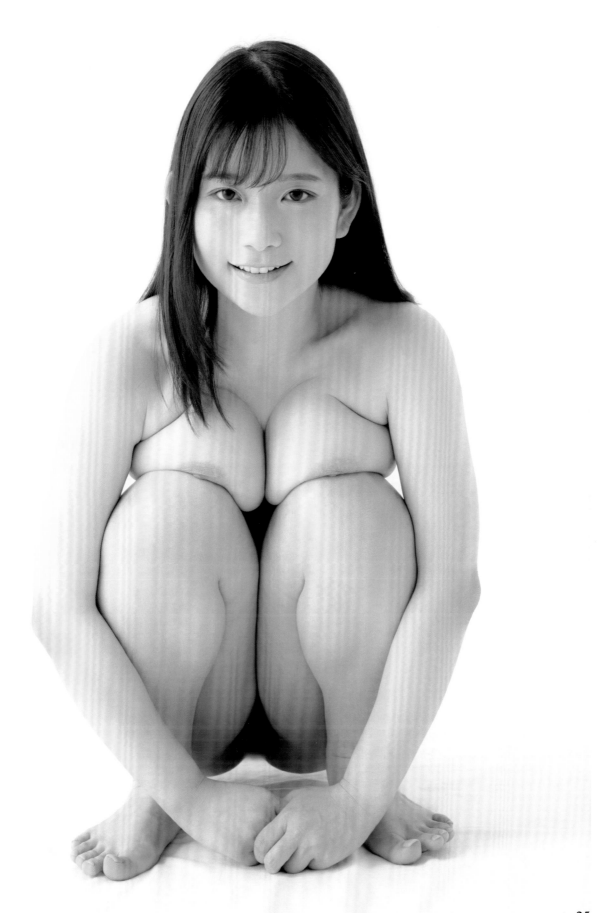

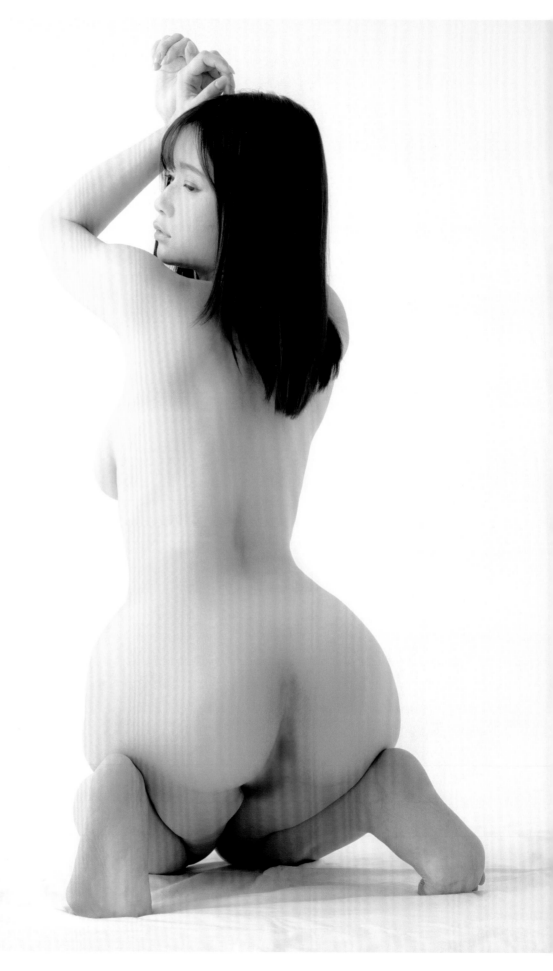

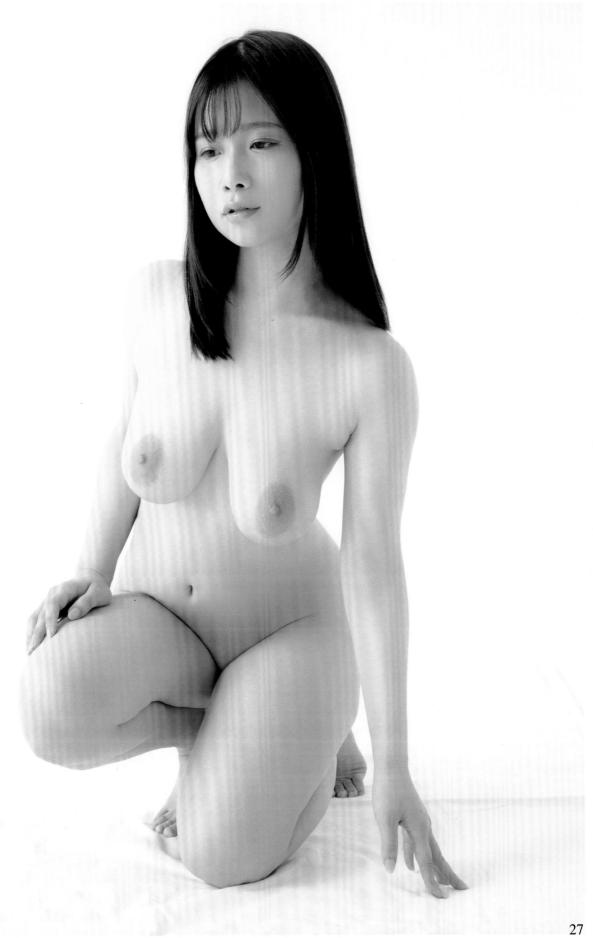

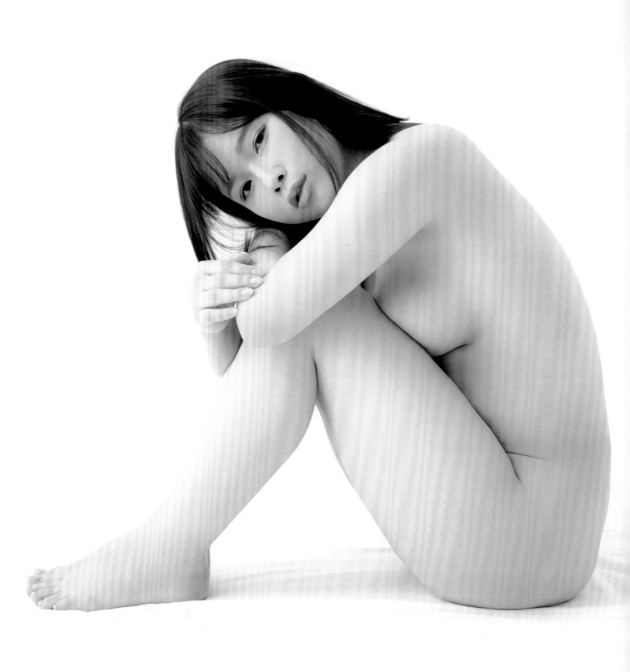

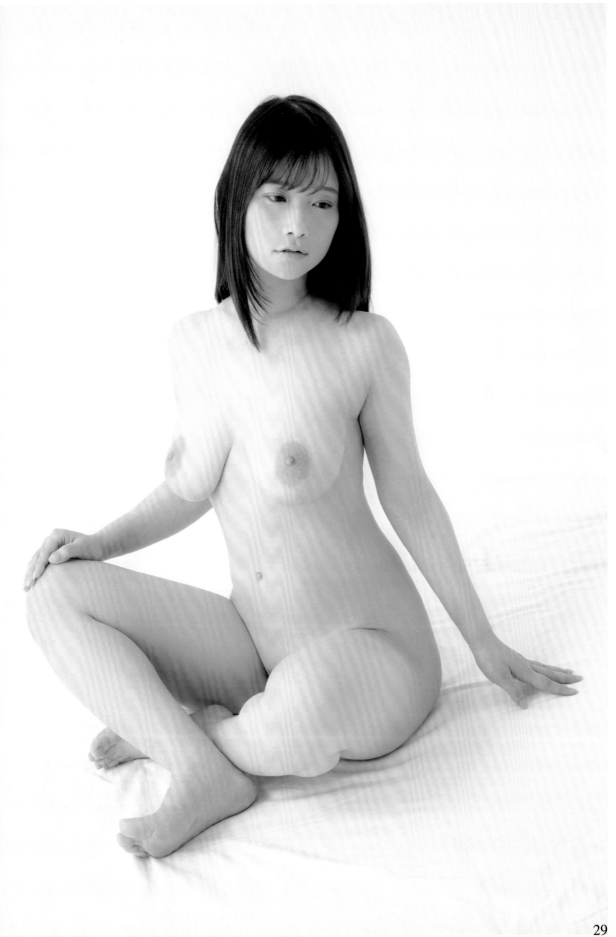

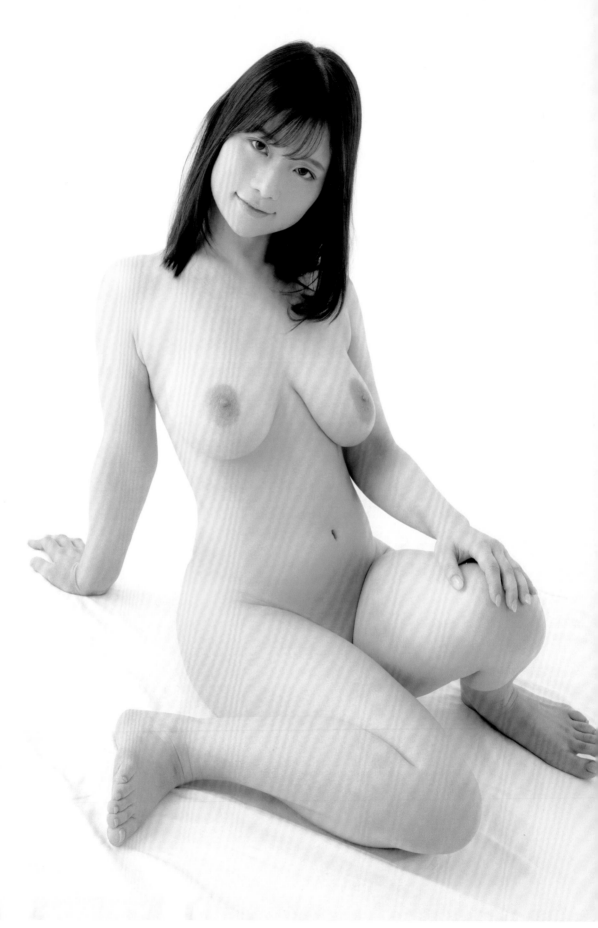

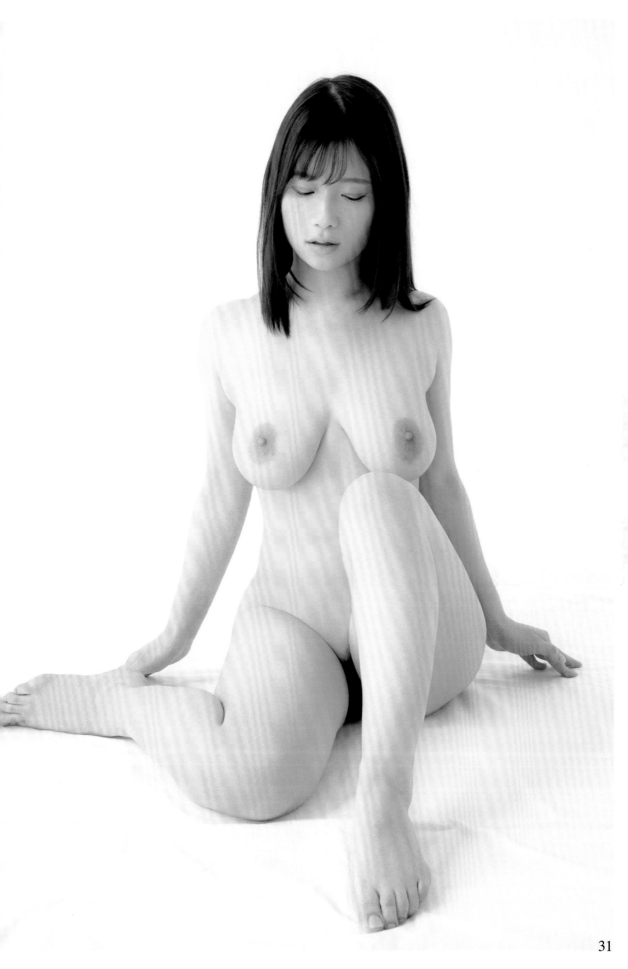

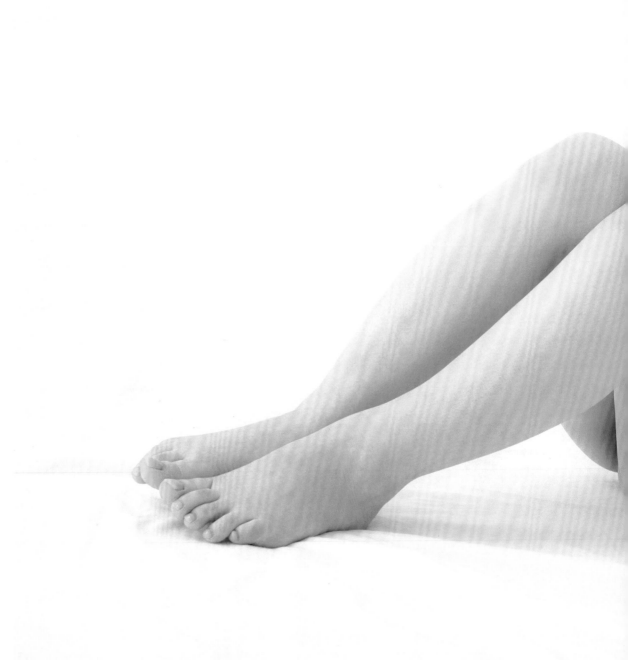

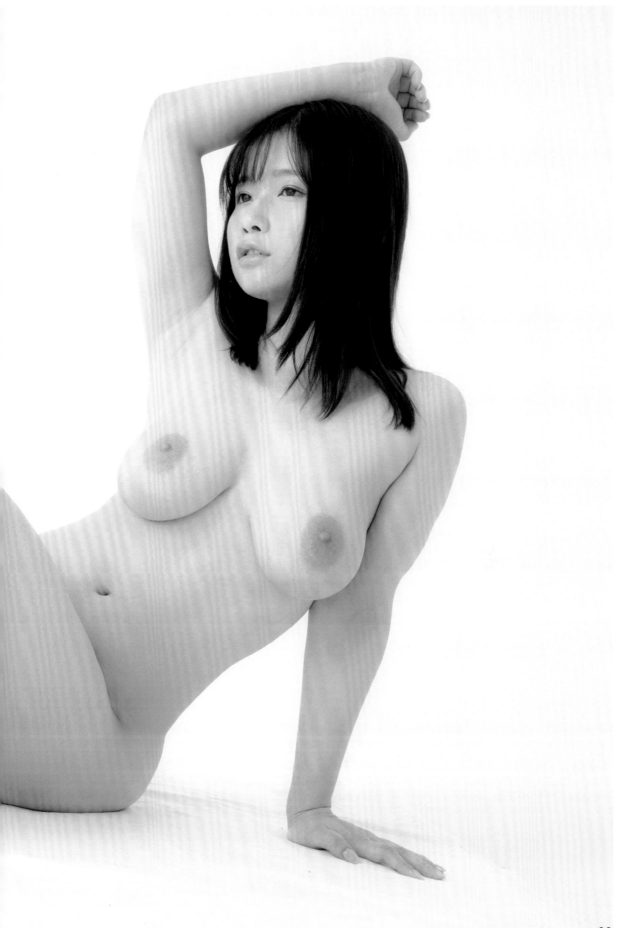

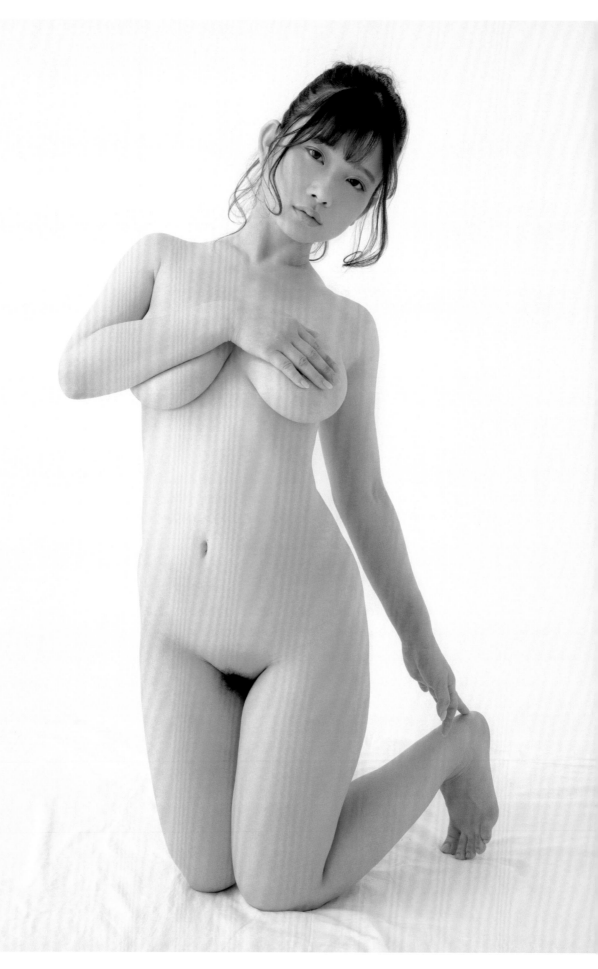

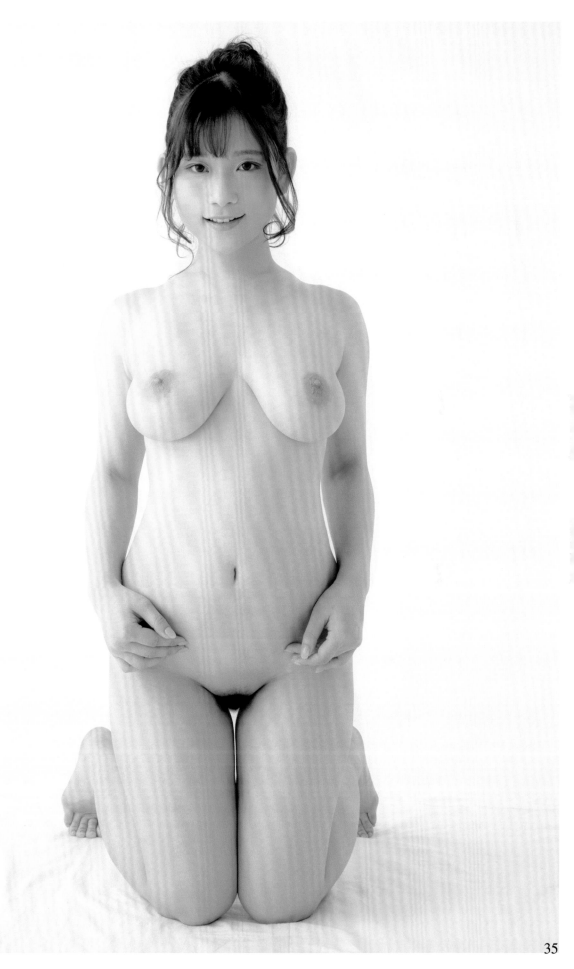

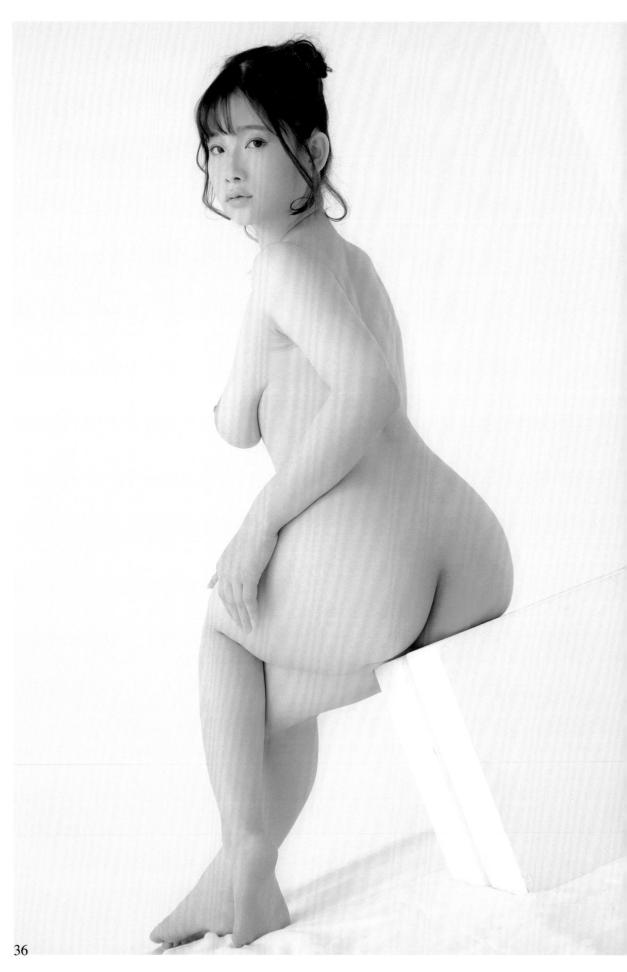

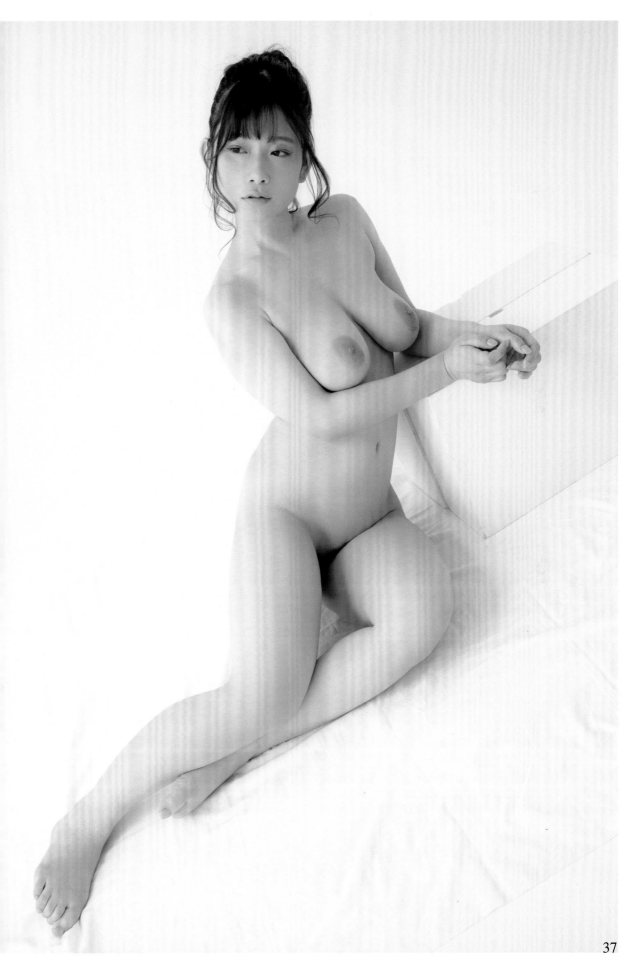

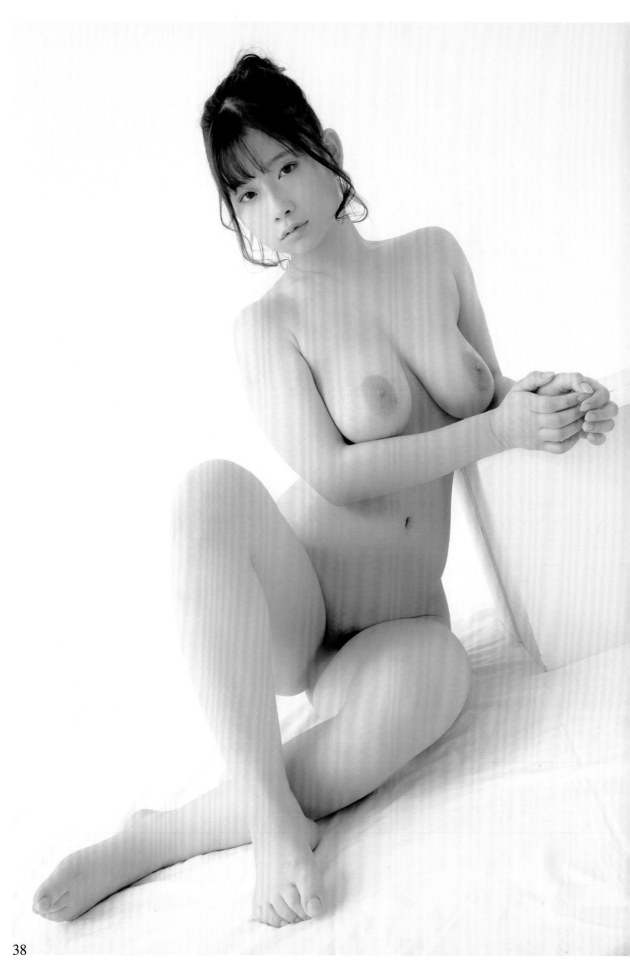

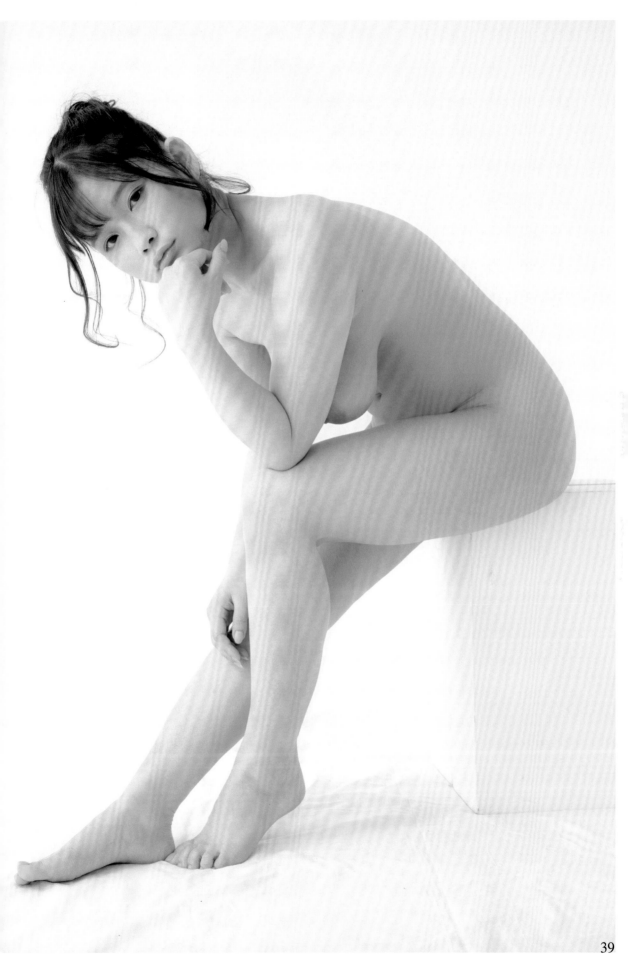

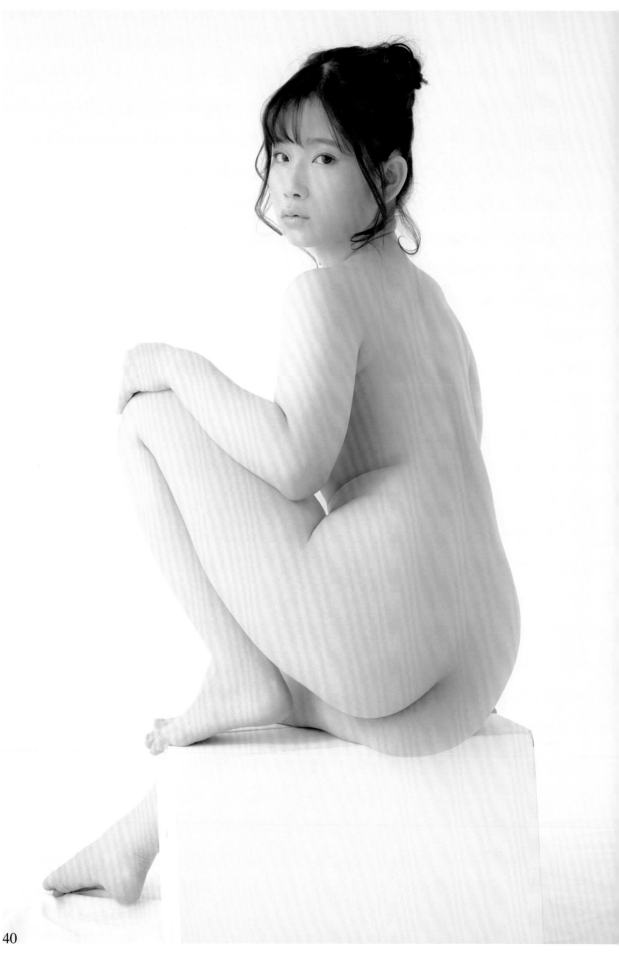

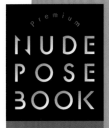

Chapter
03
Lying
Pose

躺下時重力平衡會產生變化，
臉型、乳房與臀部的形狀也會產生不同變化。

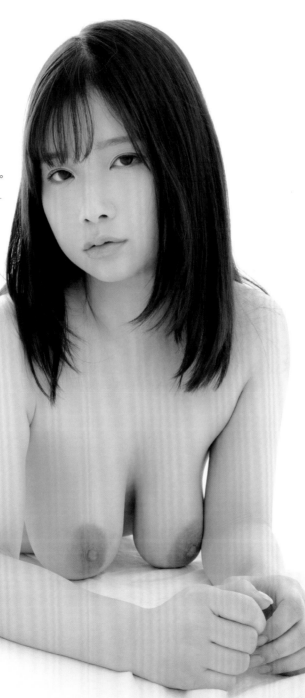

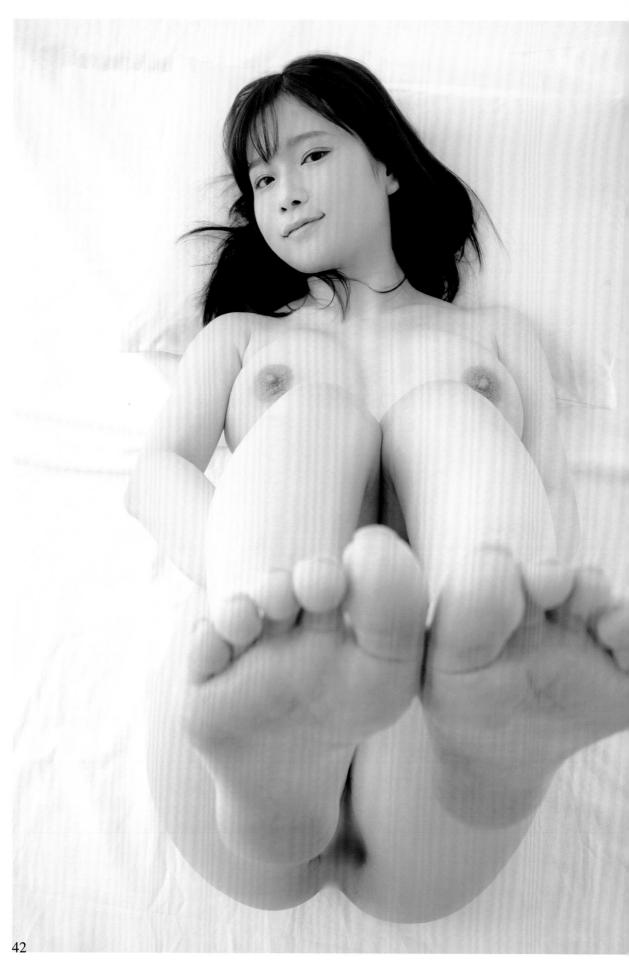

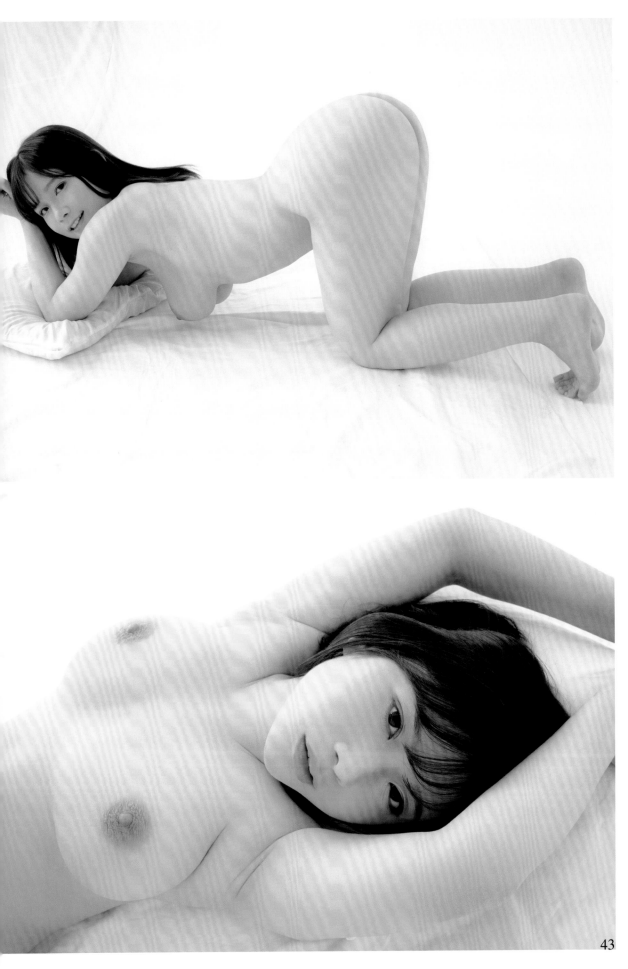

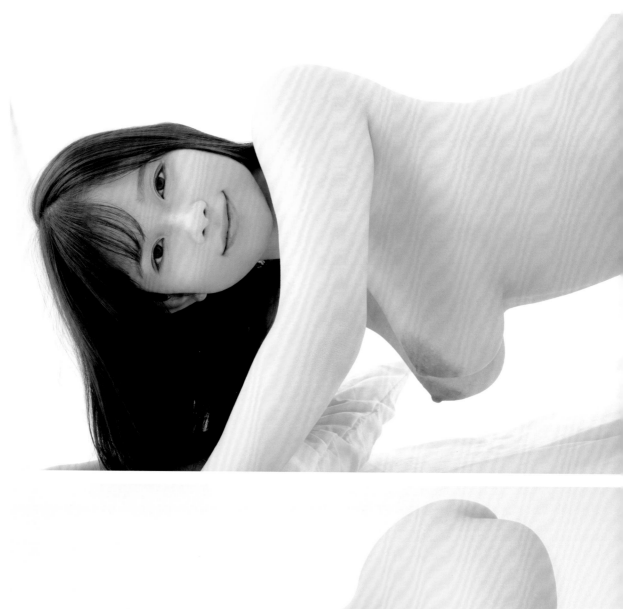

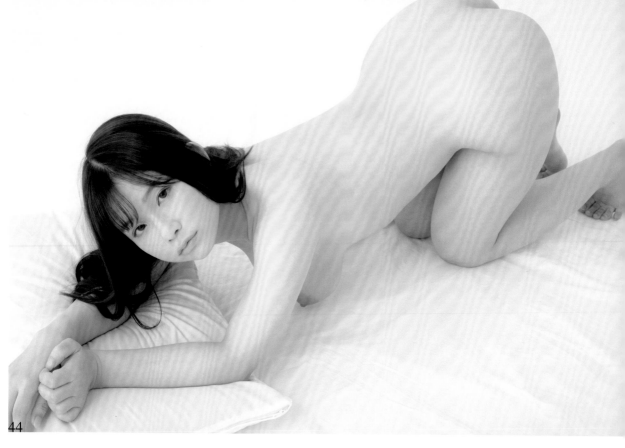

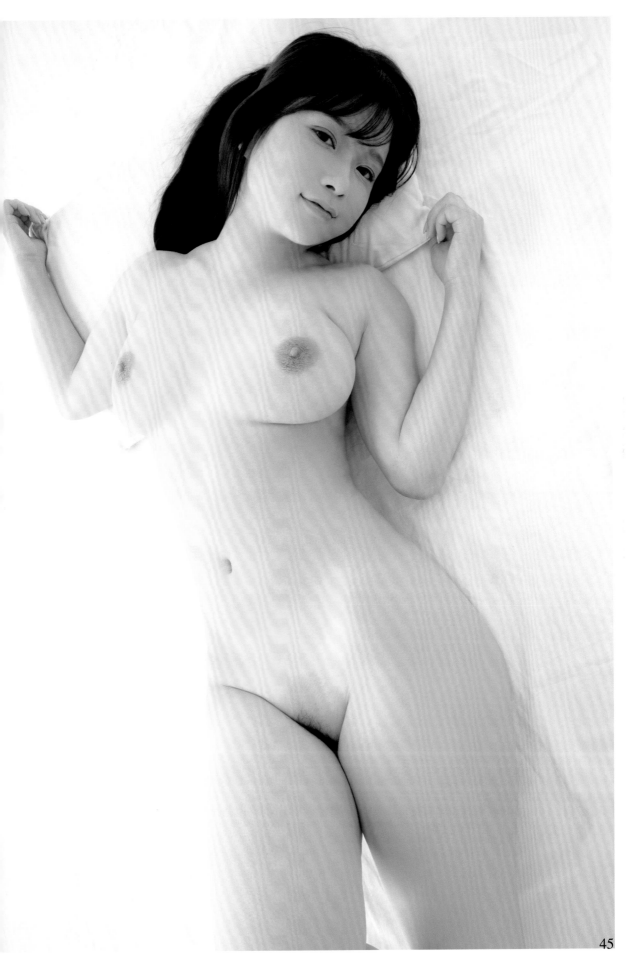

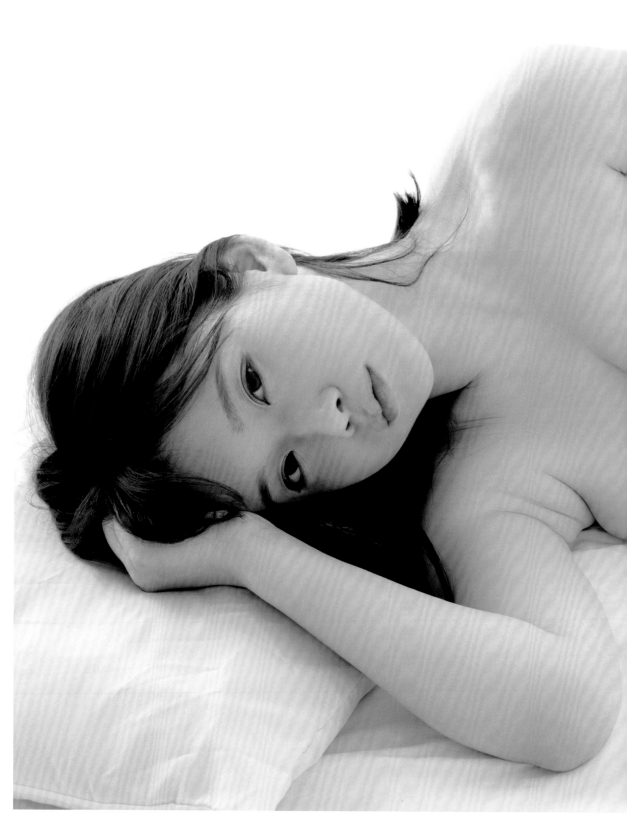

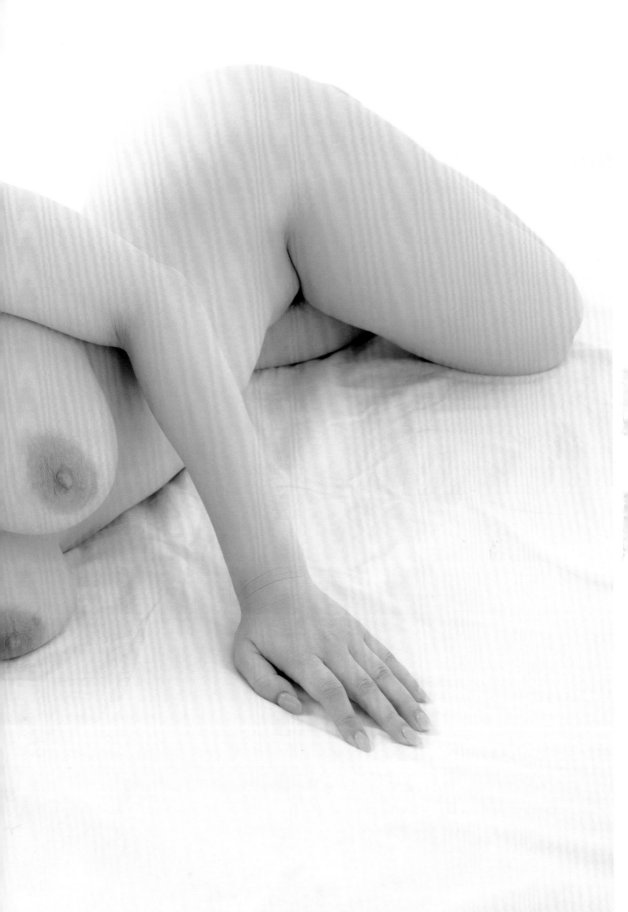

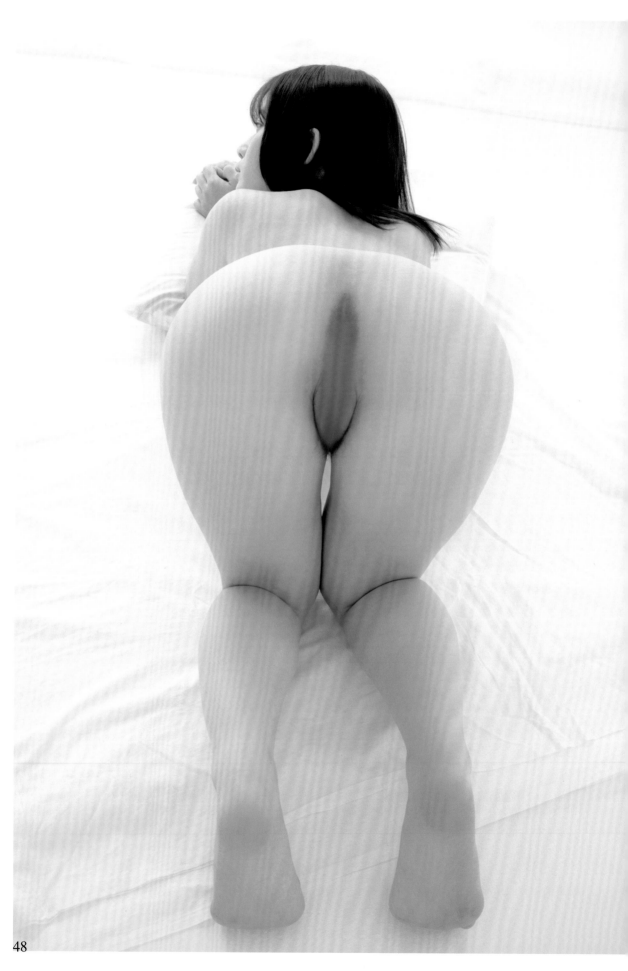

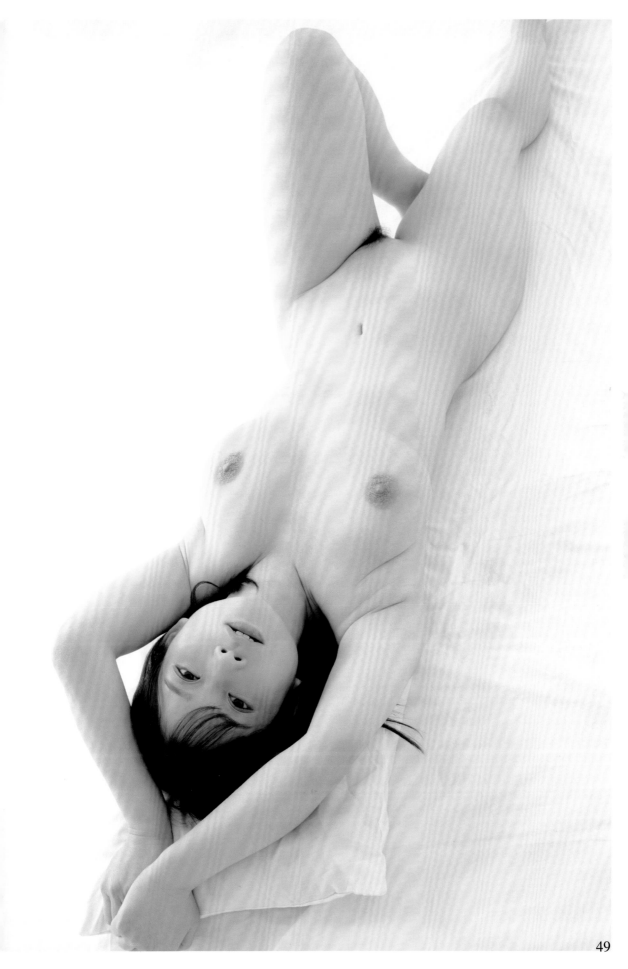

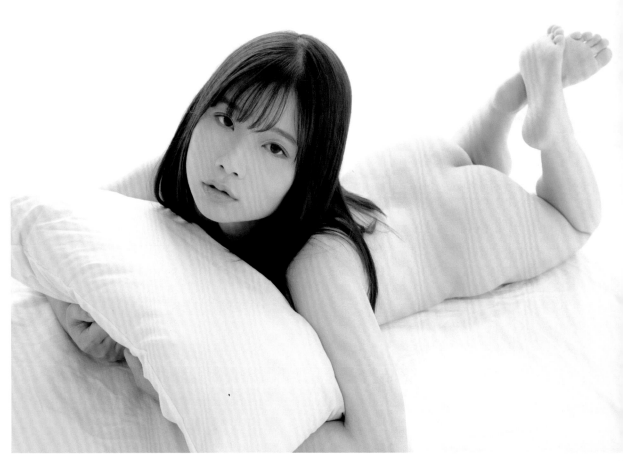

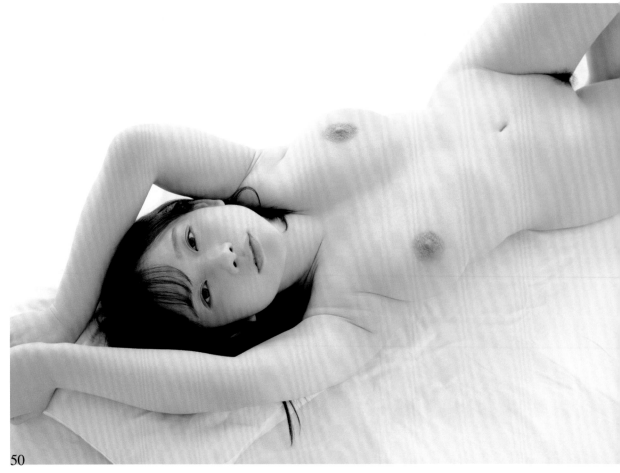

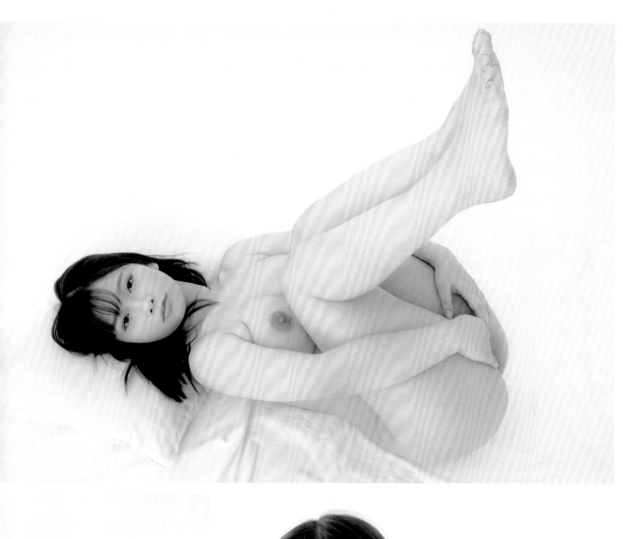

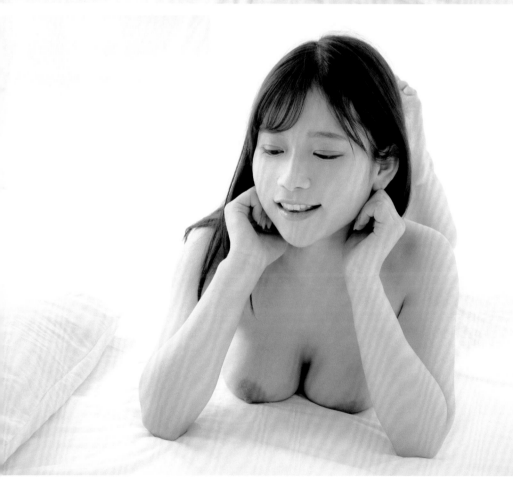

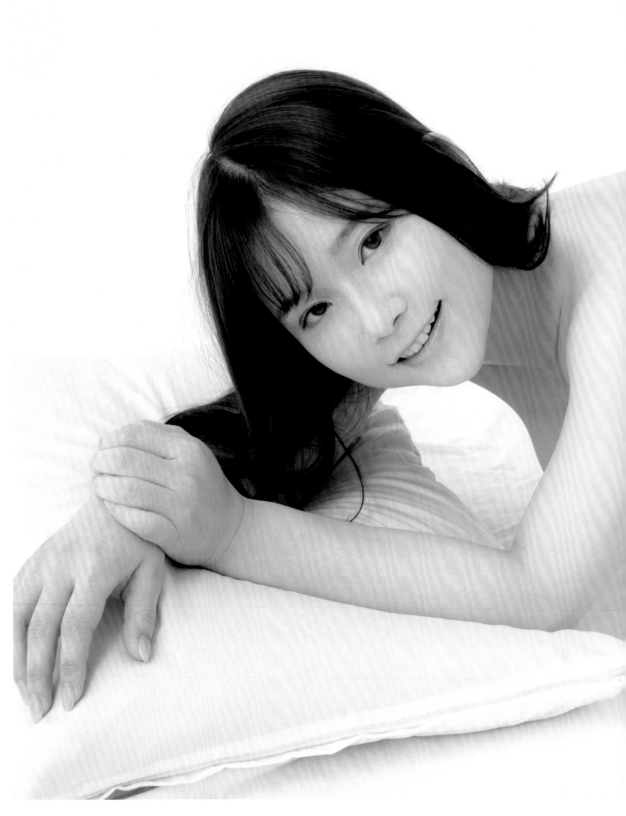

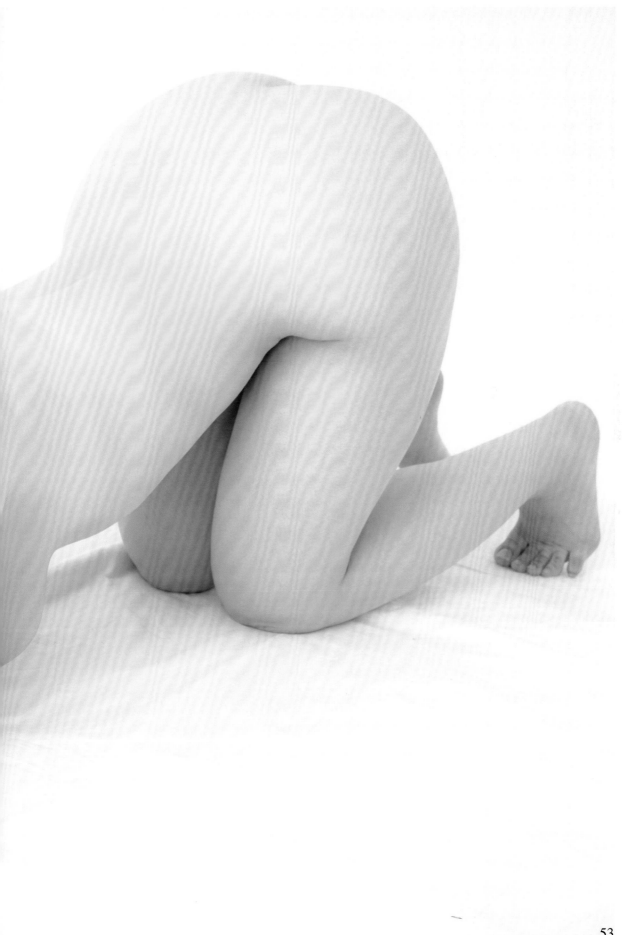

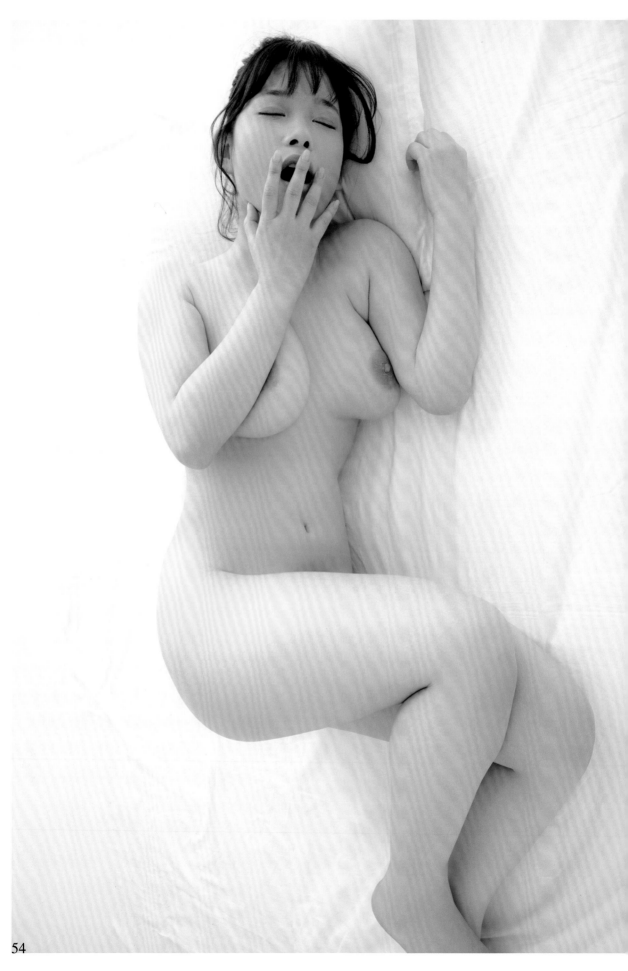

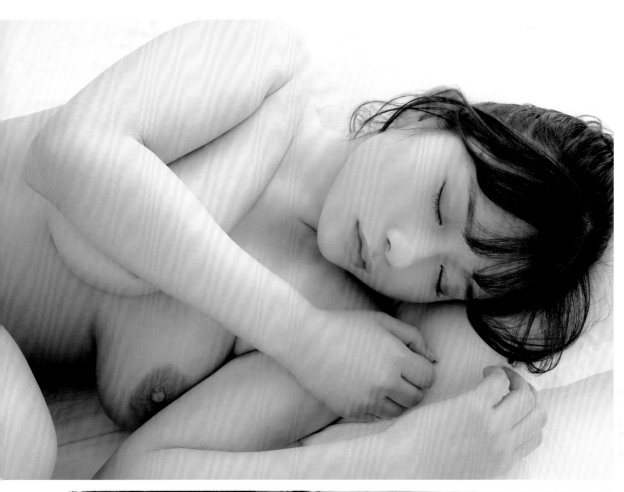

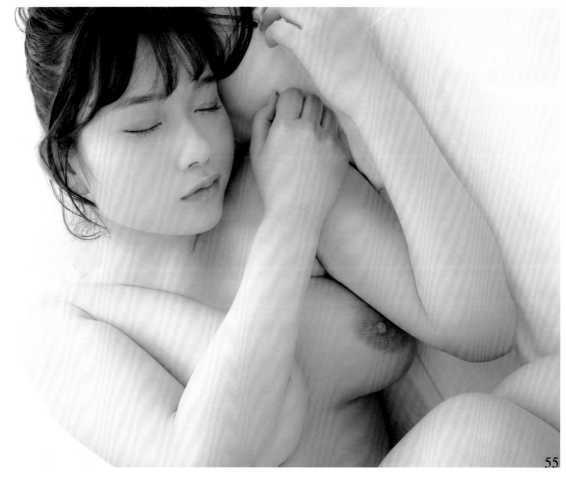

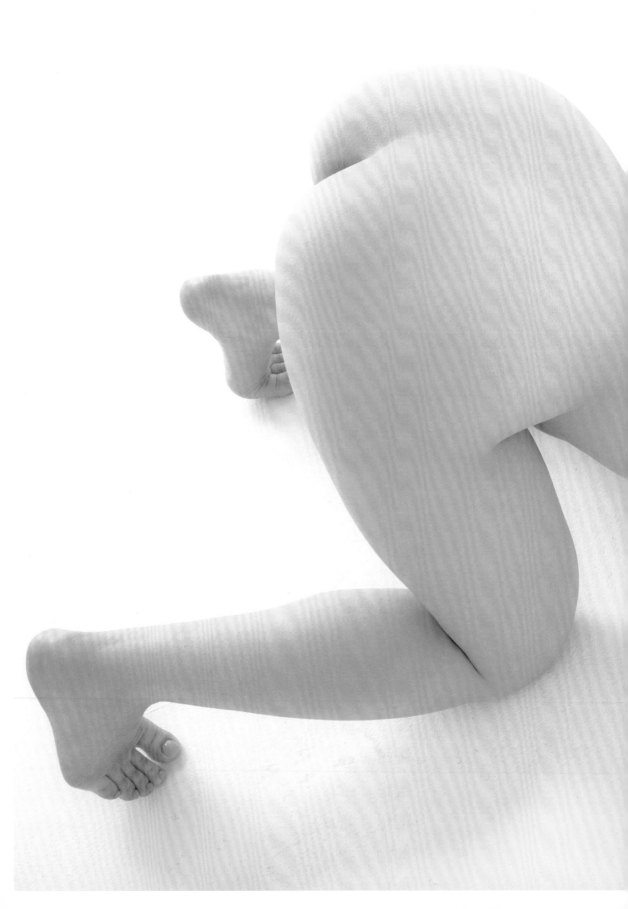

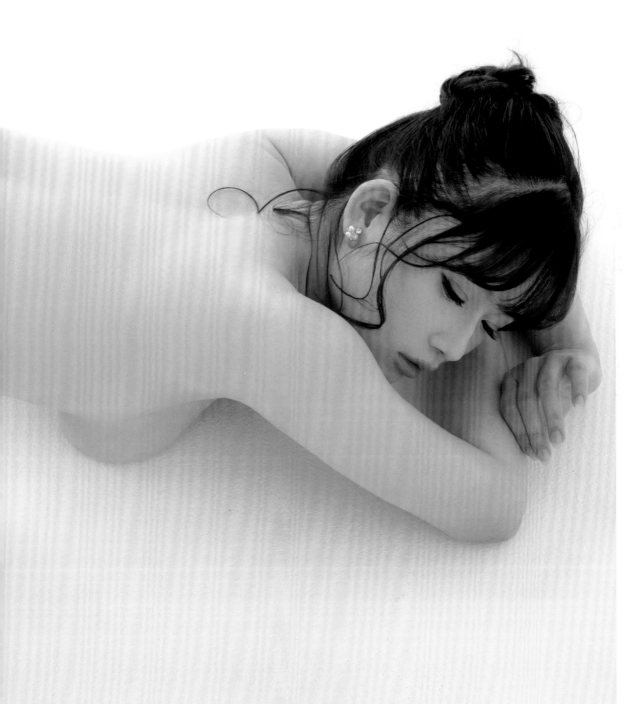

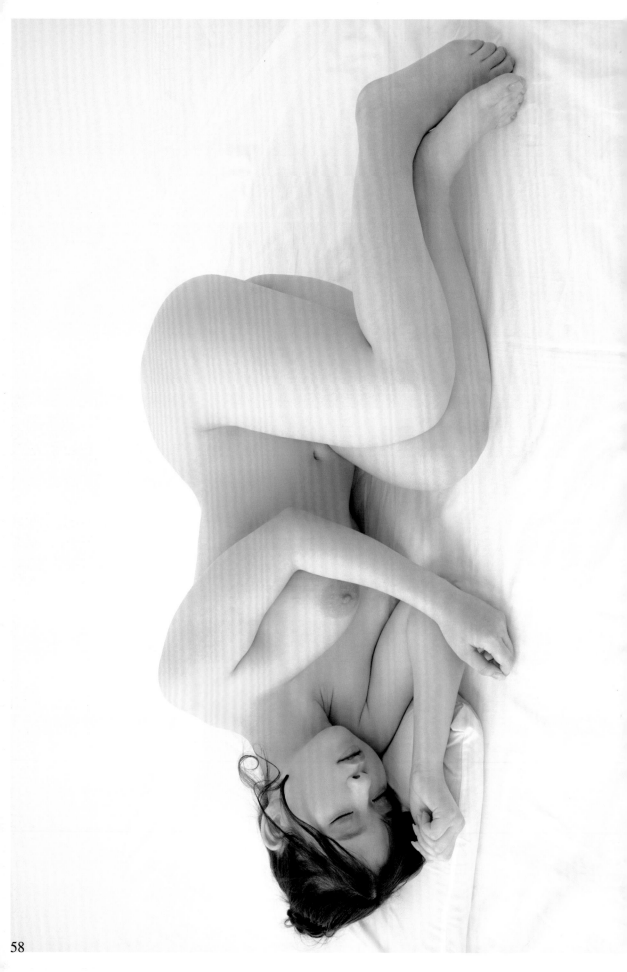

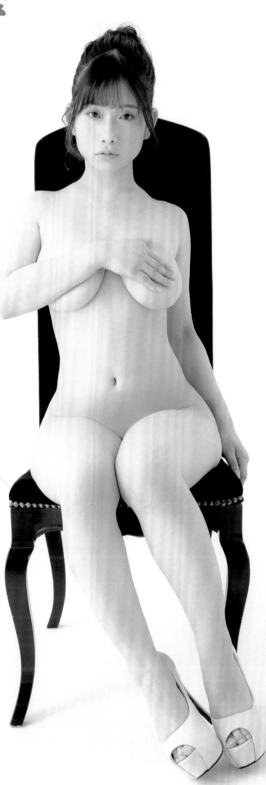

Chapter
04
with Chair & Stool

將高度及造型各異的椅子當作道具，
將身體靠上去與其互動，
擺出千變萬化的撩人姿勢。

Premium
NUDE
POSE
BOOK

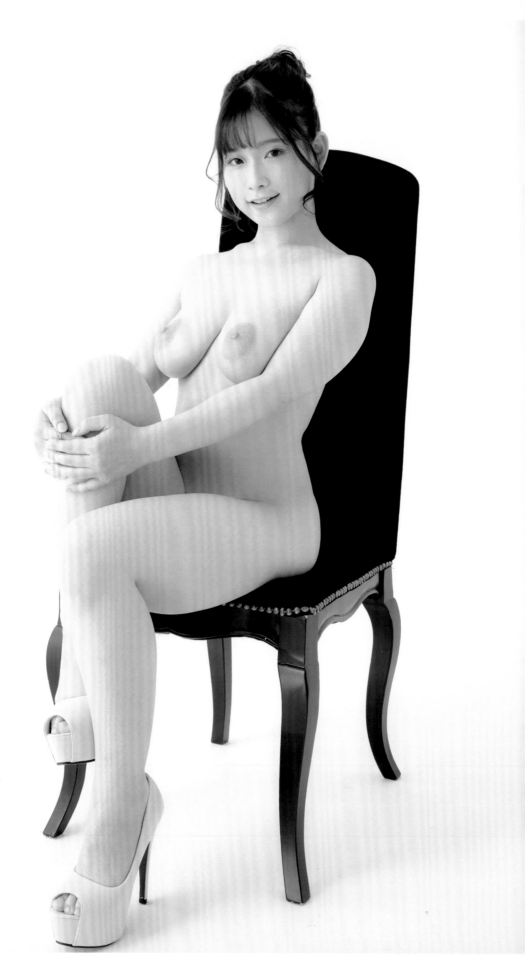

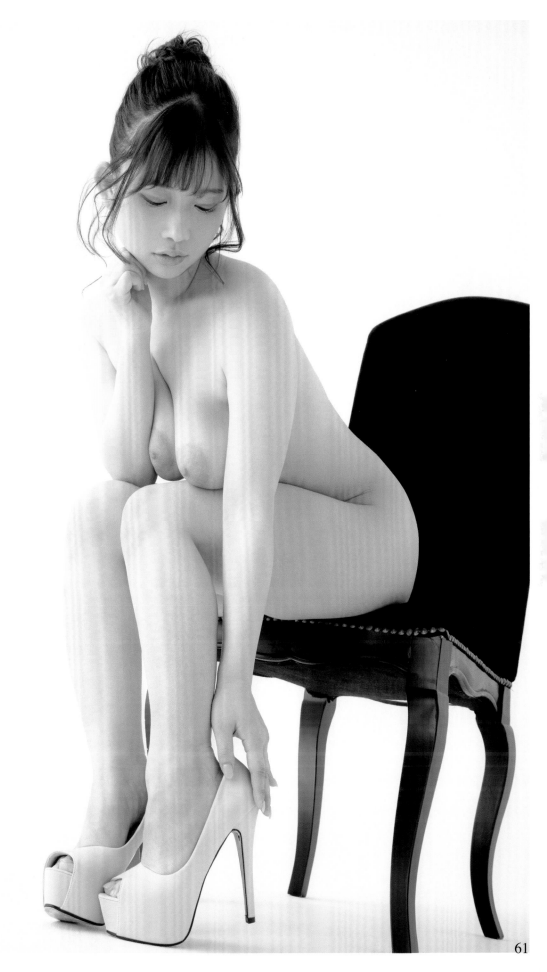

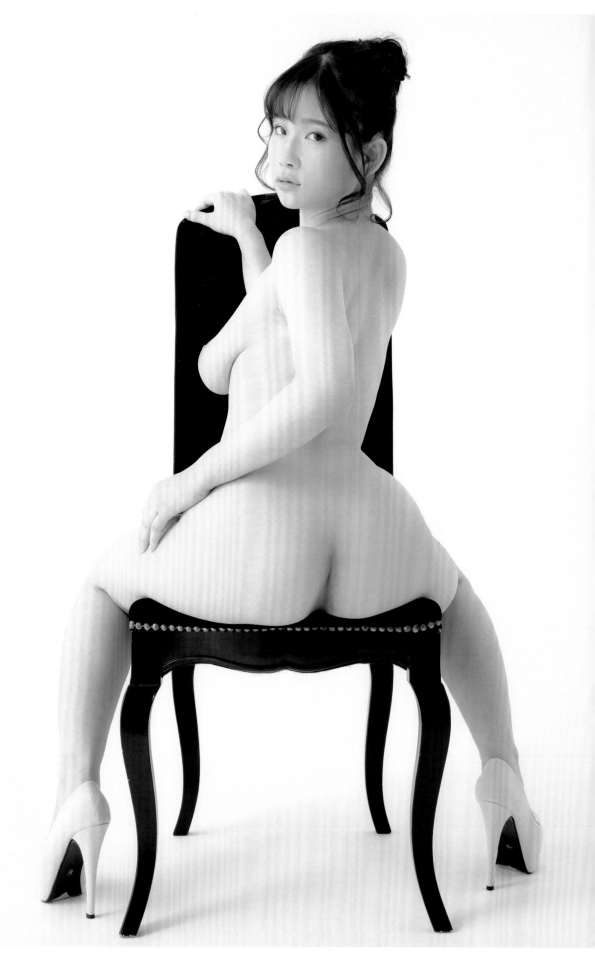

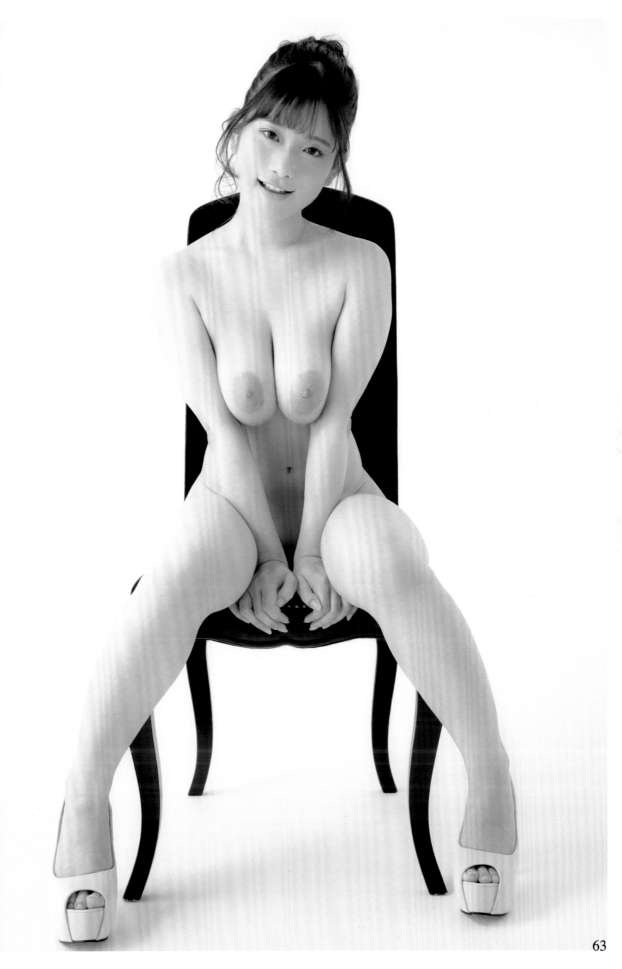

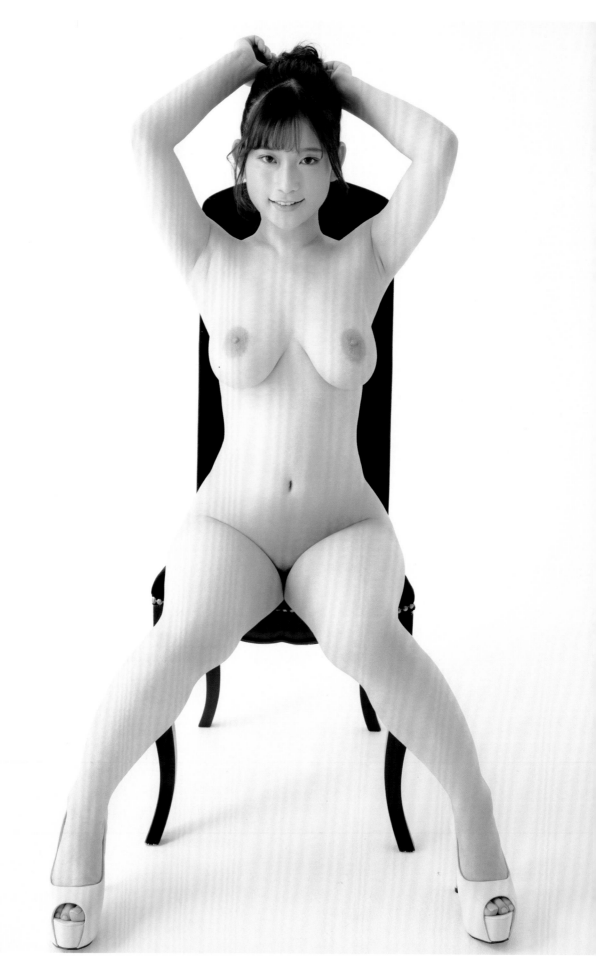

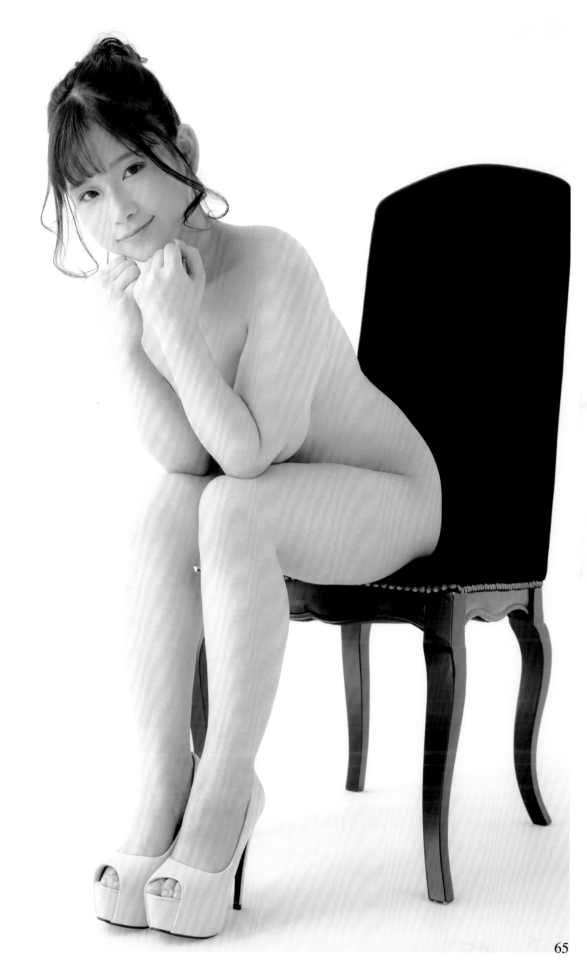

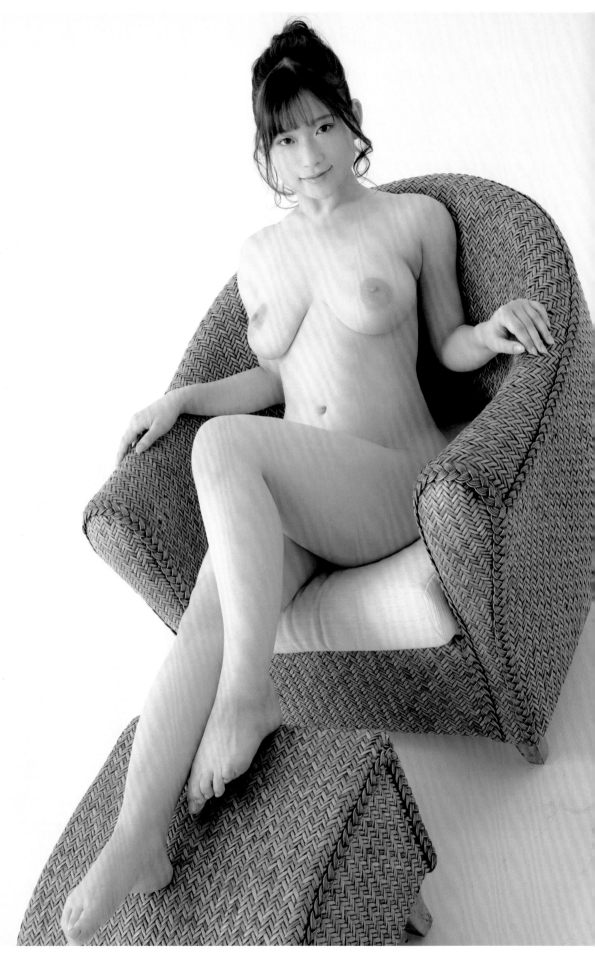

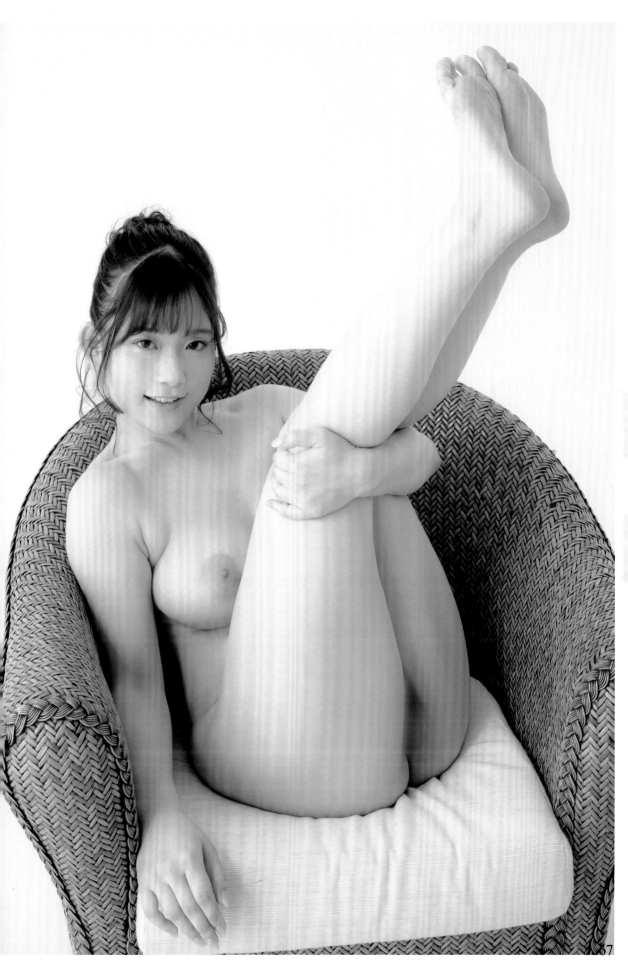

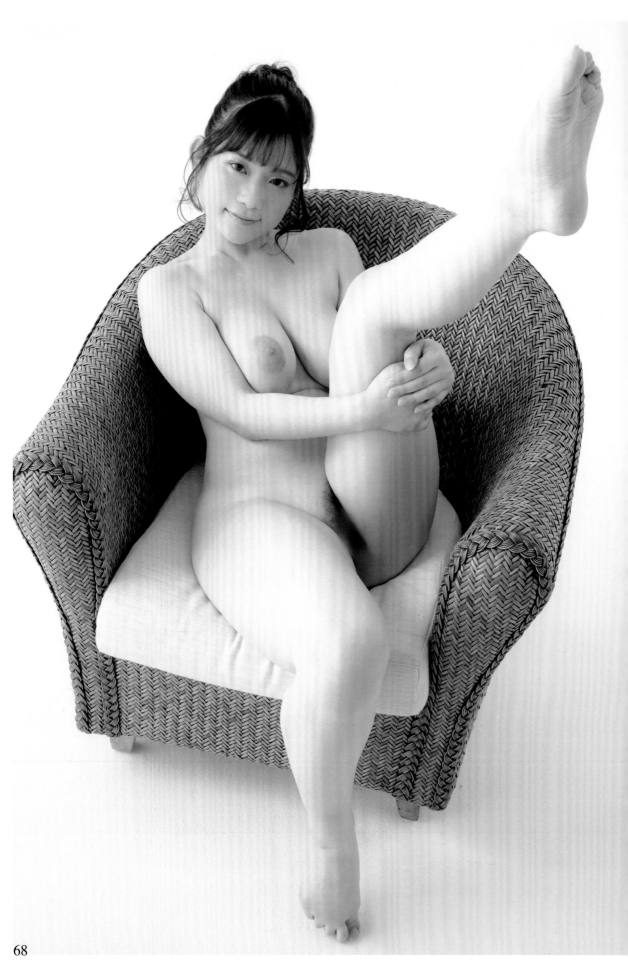

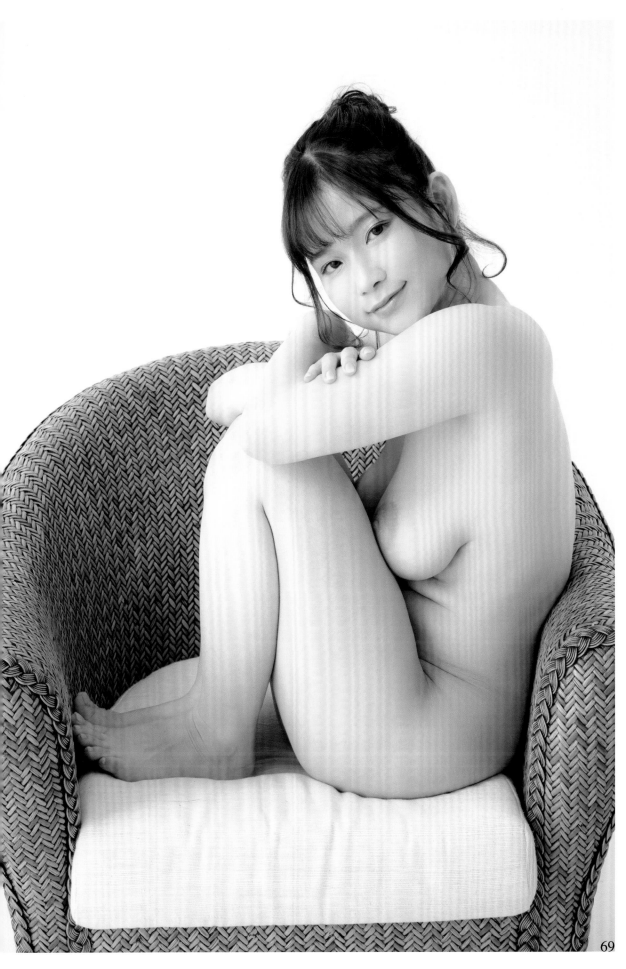

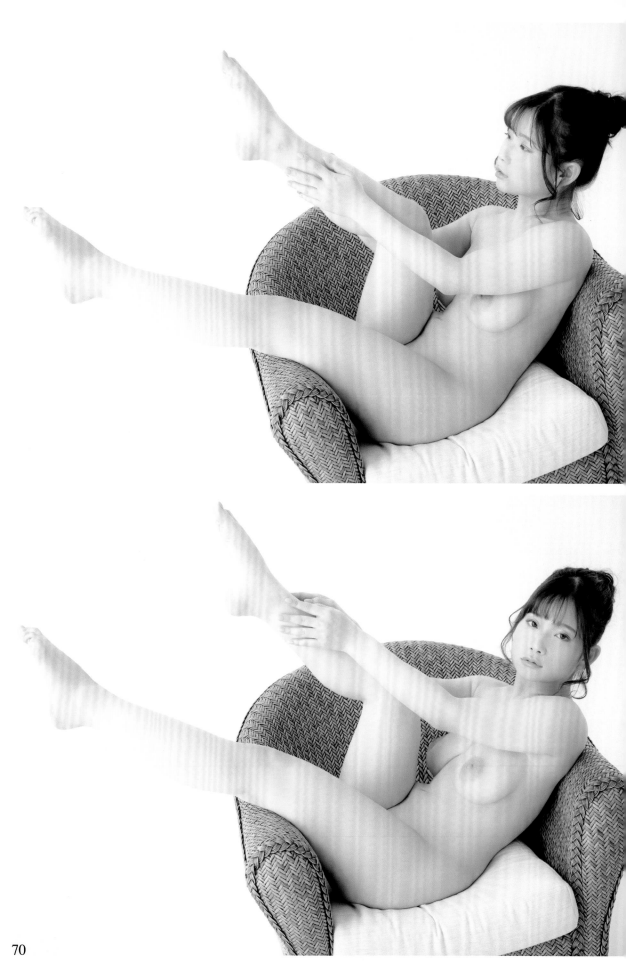

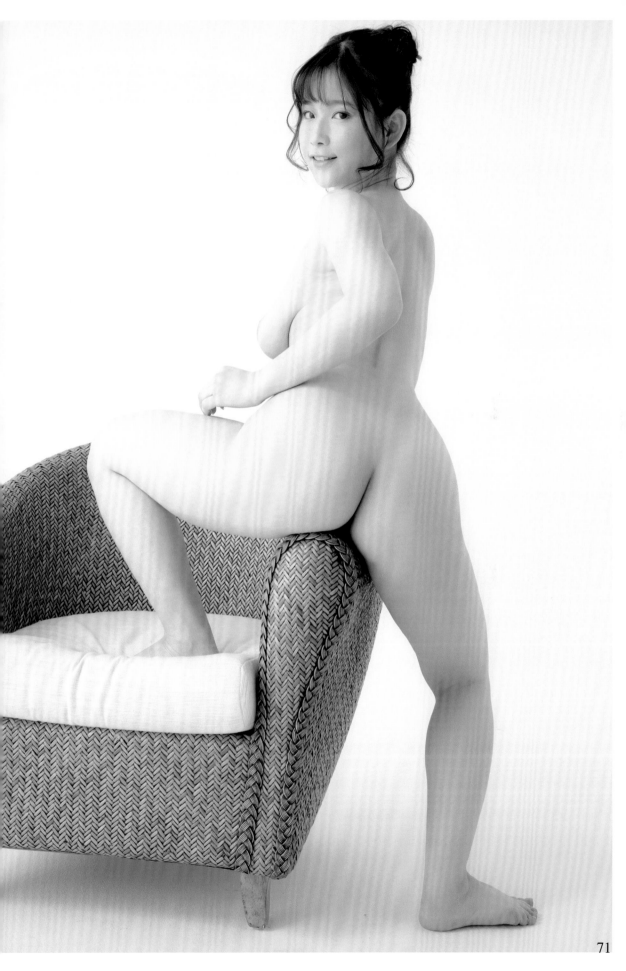

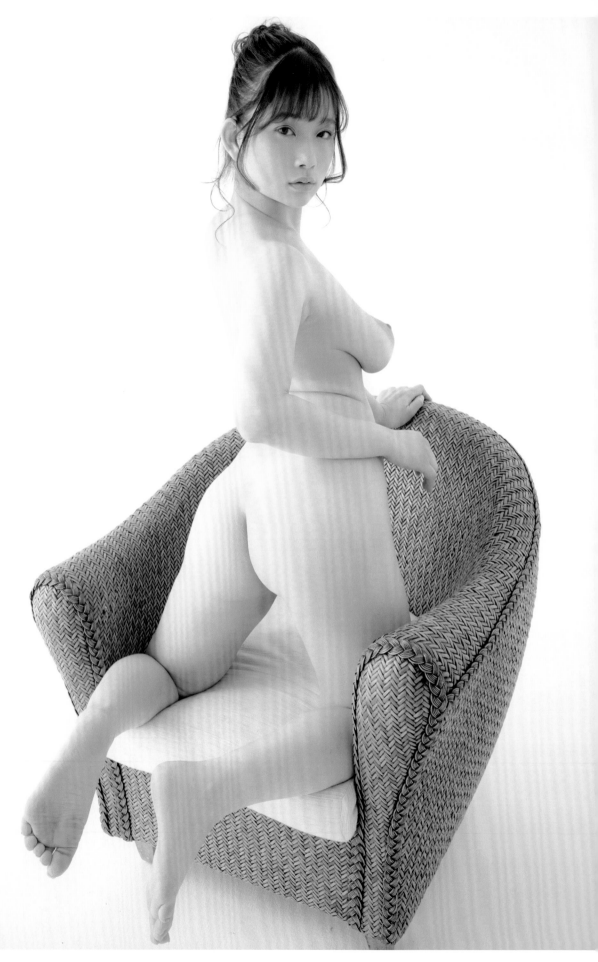

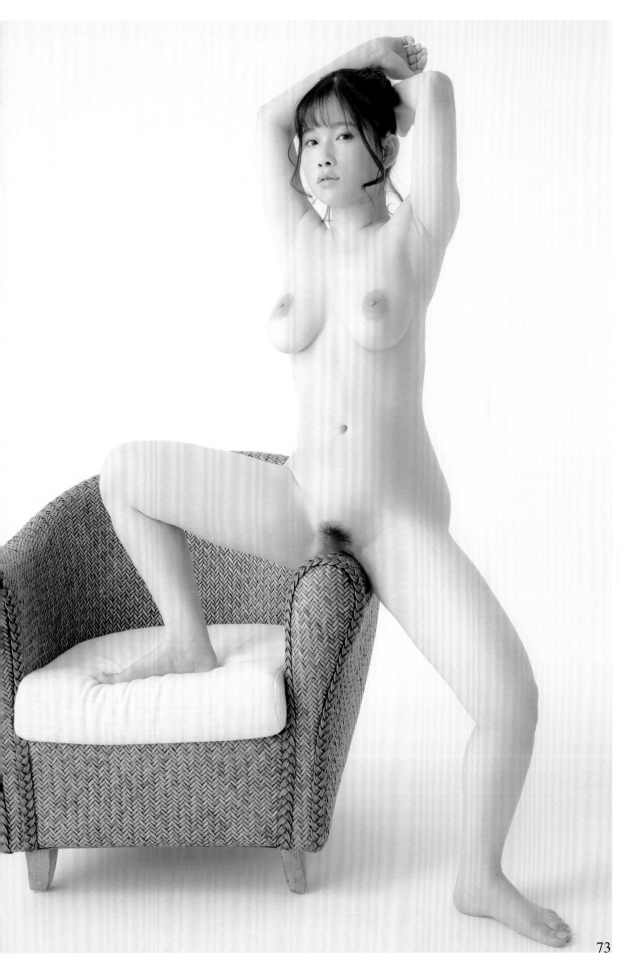

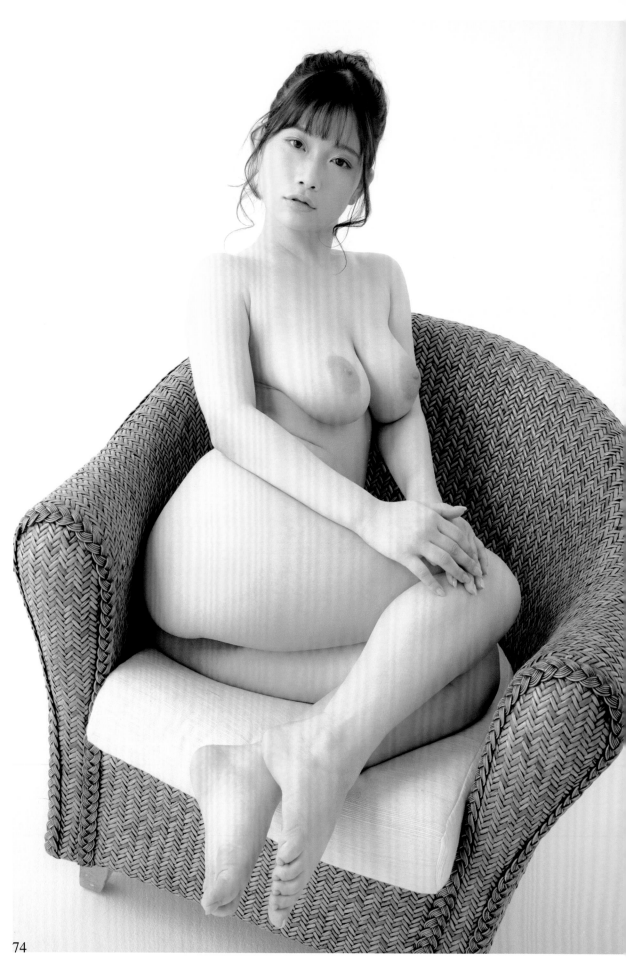

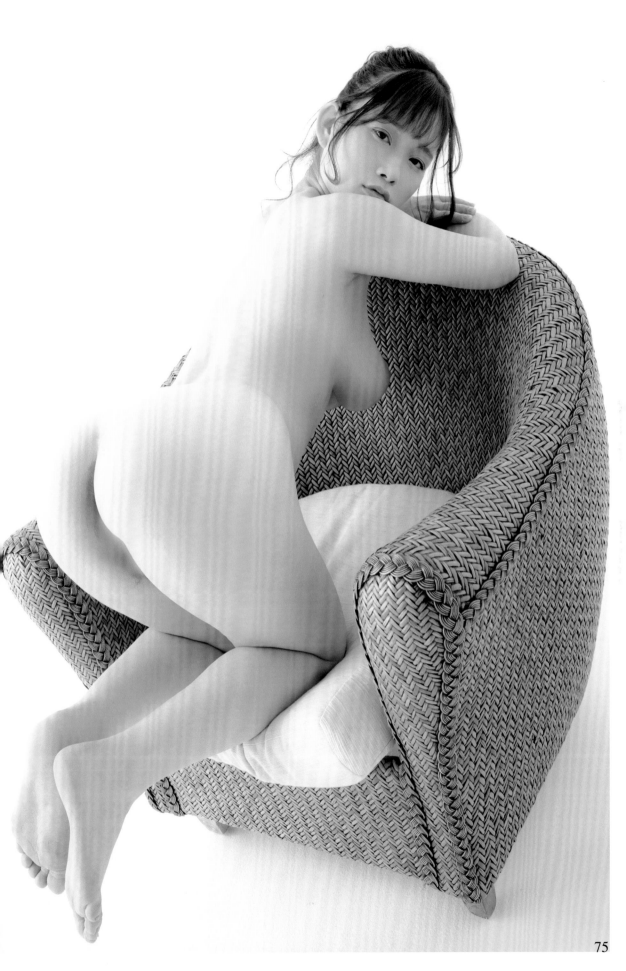

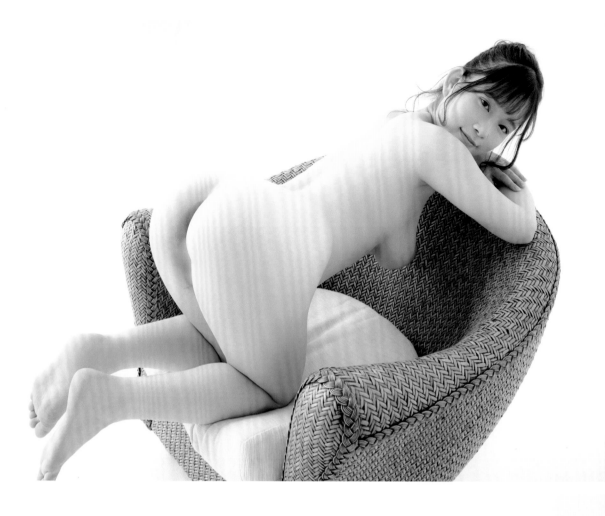

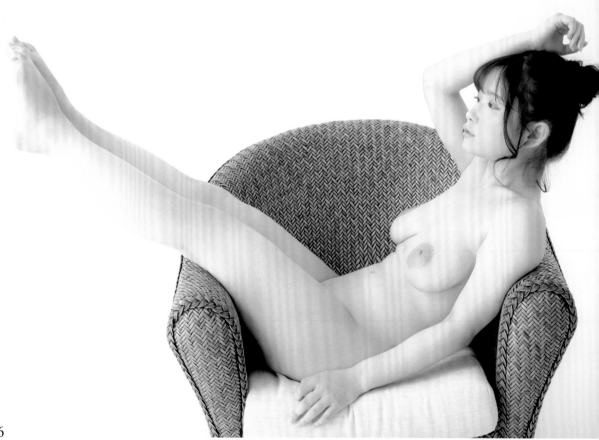

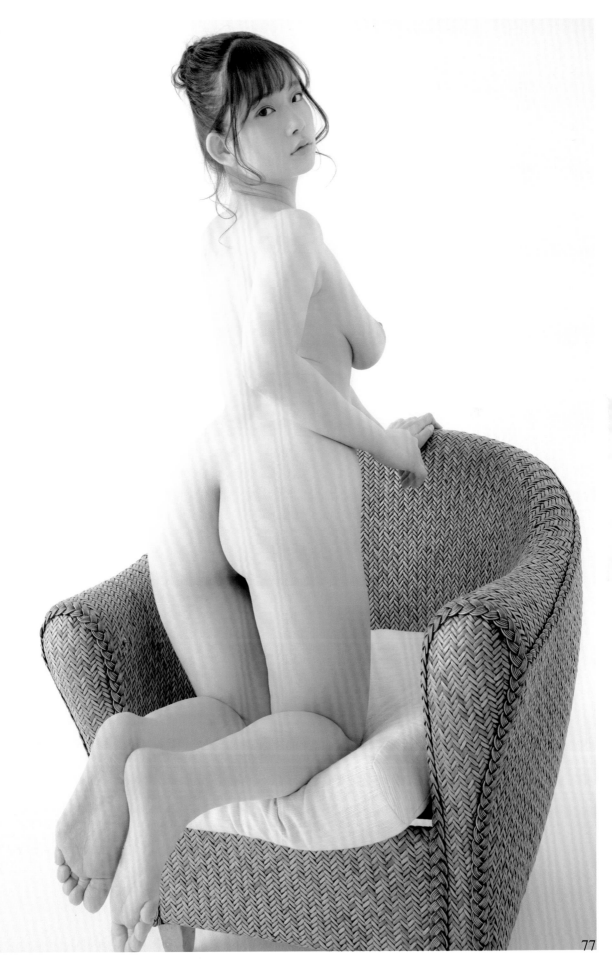

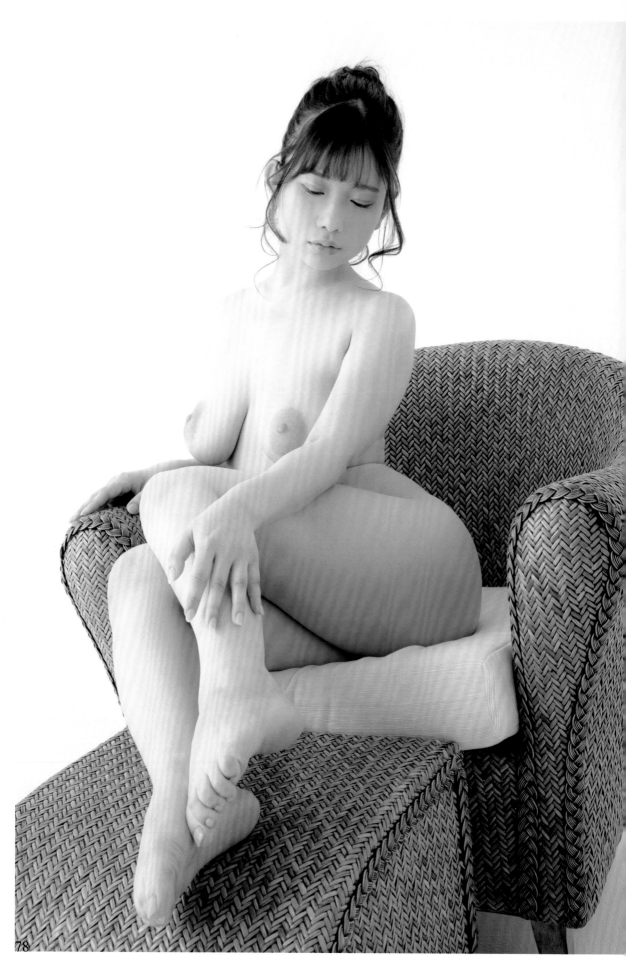

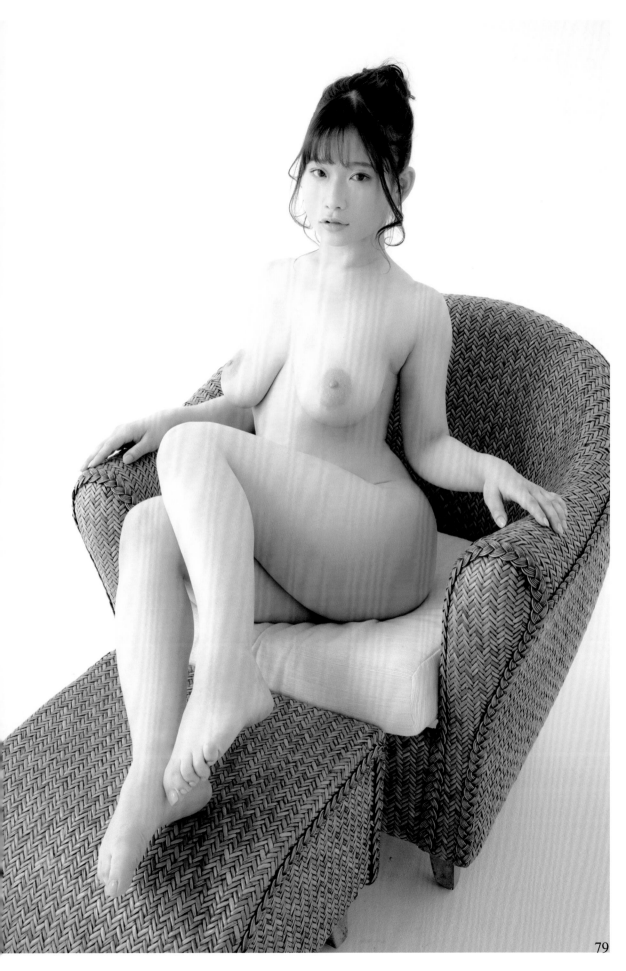

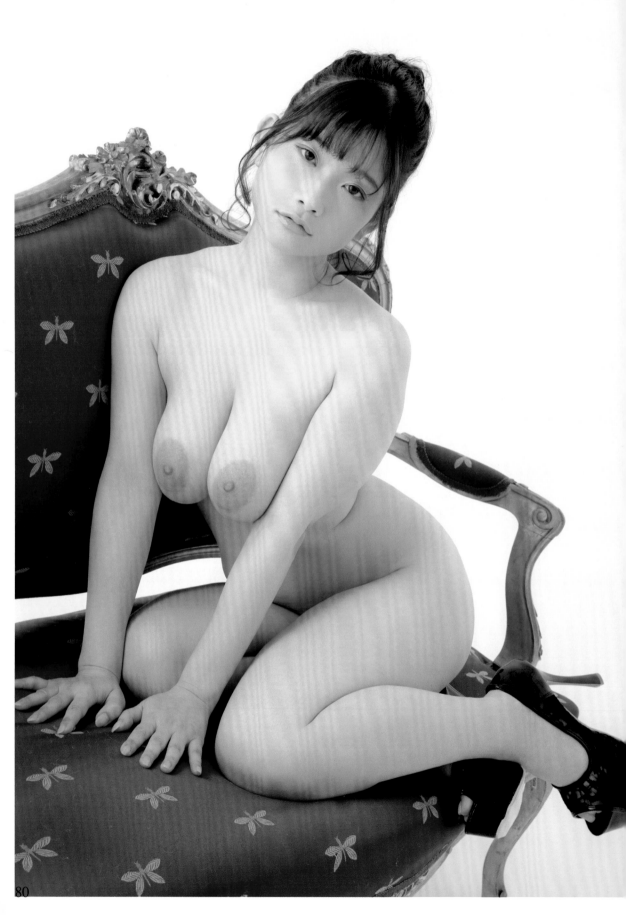

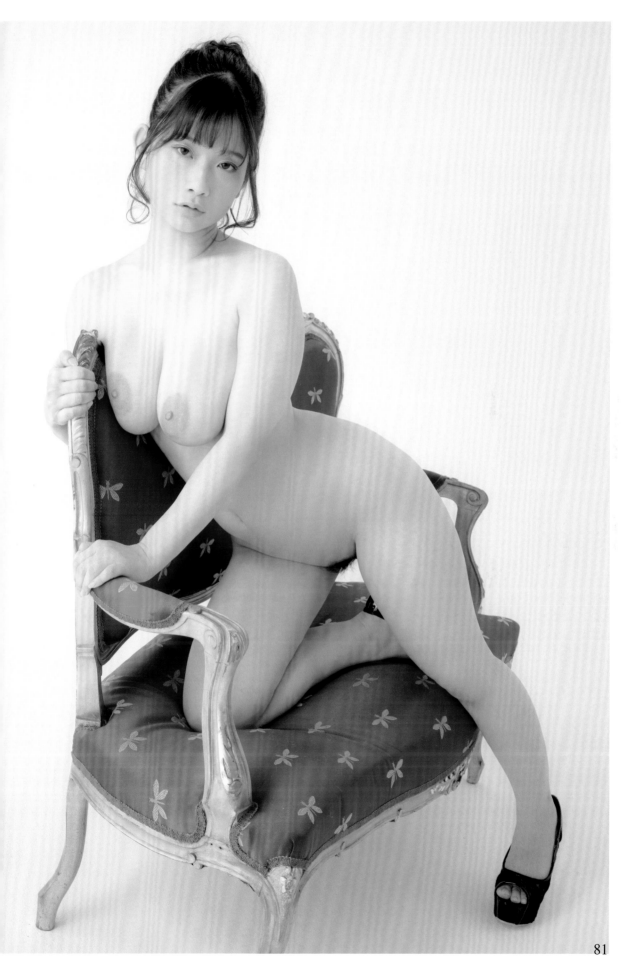

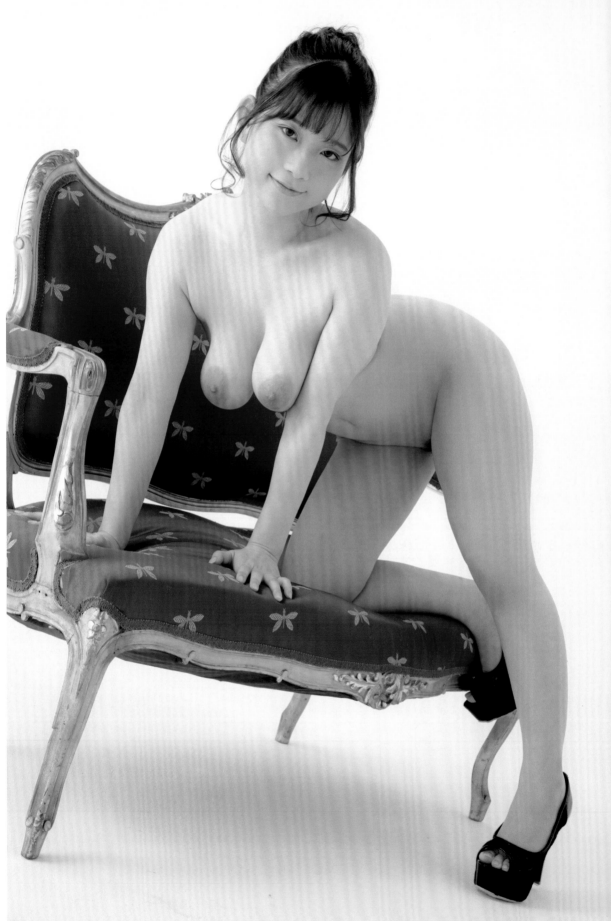

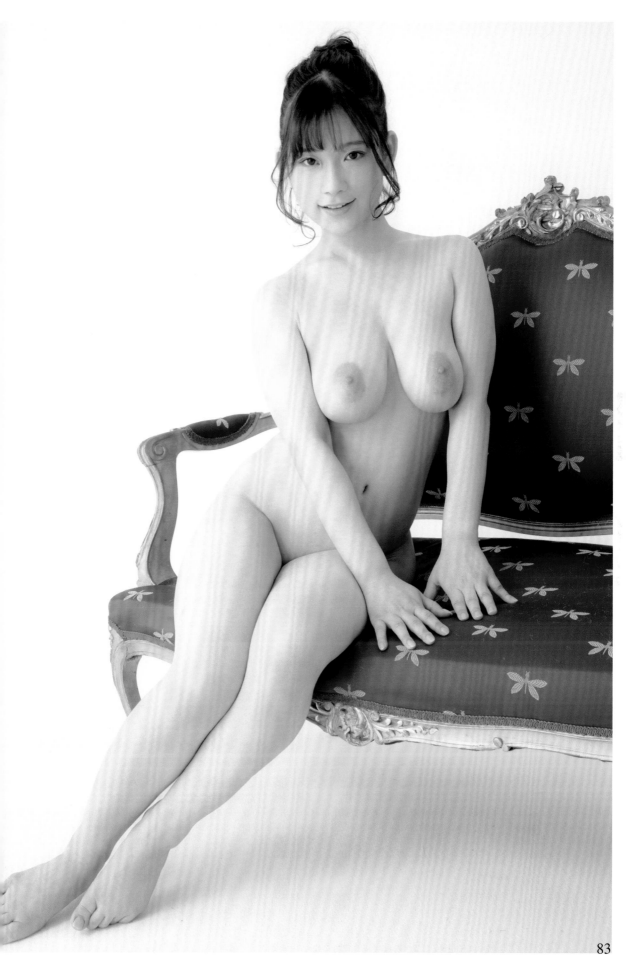

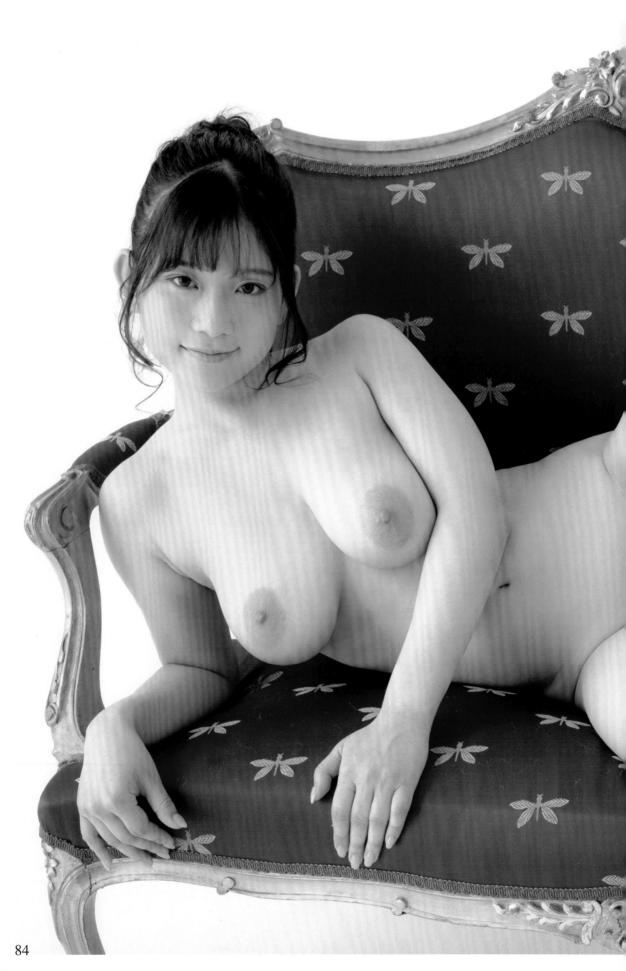

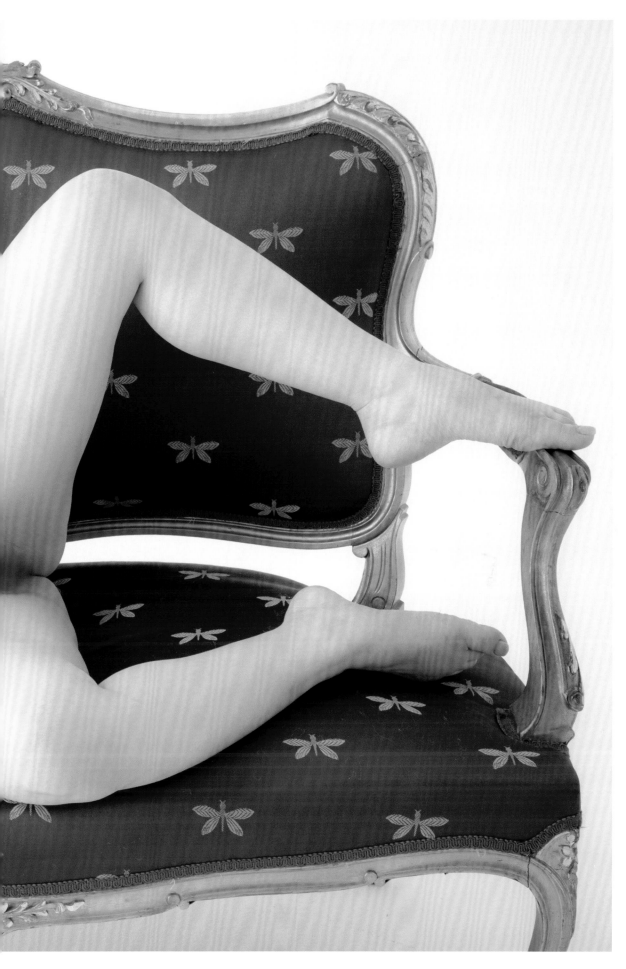

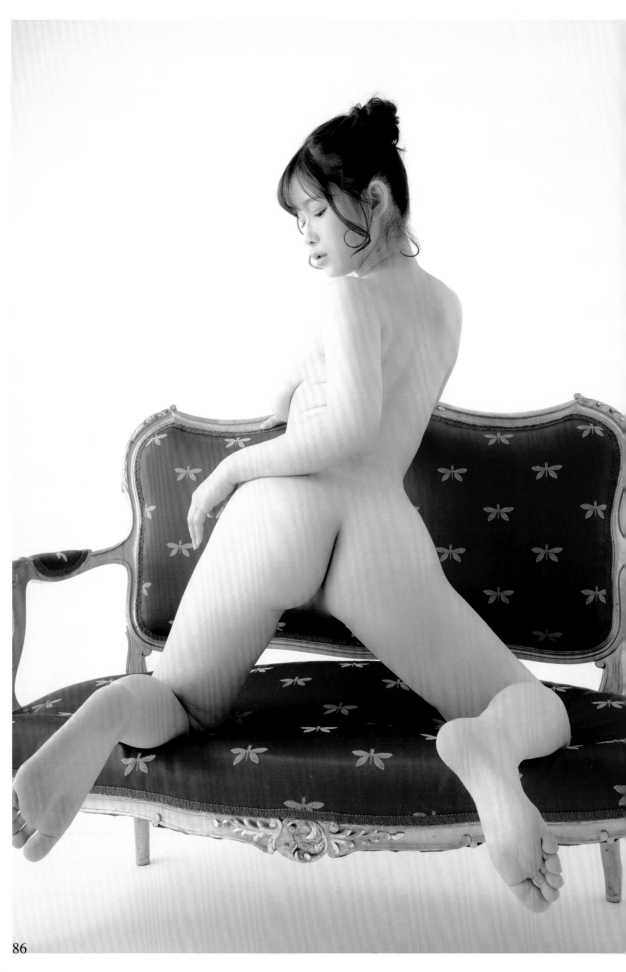

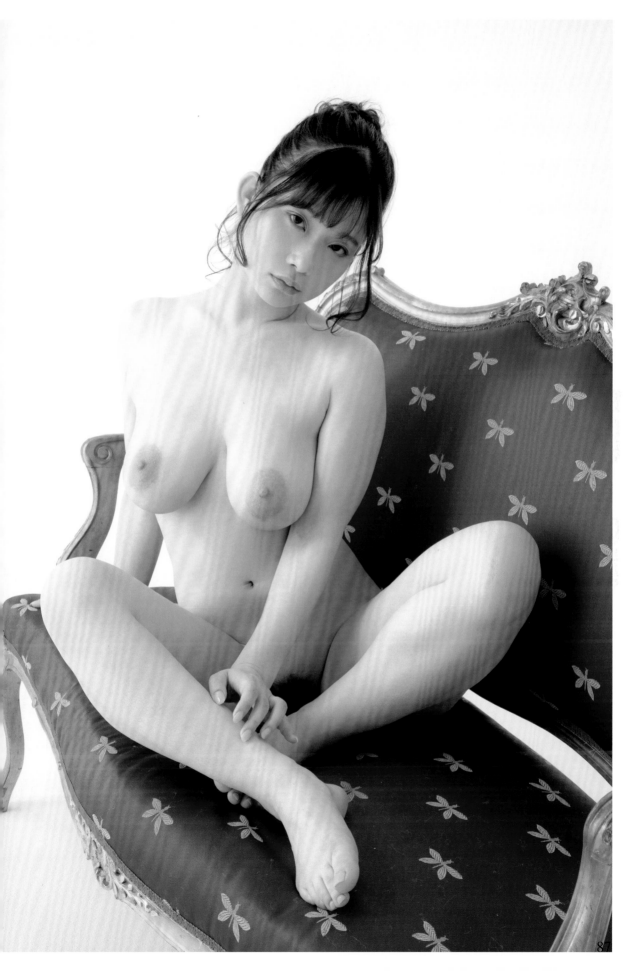

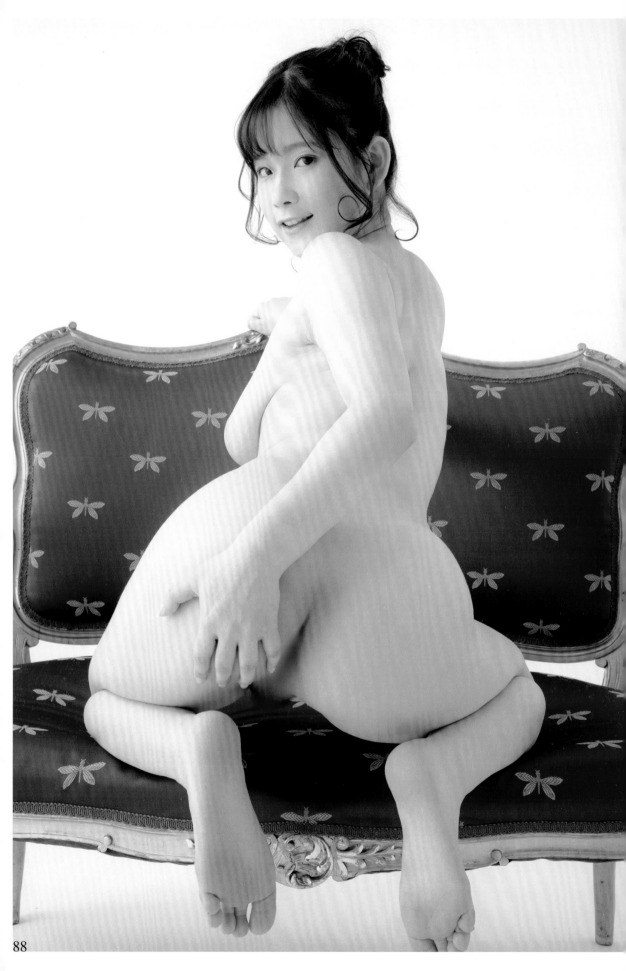

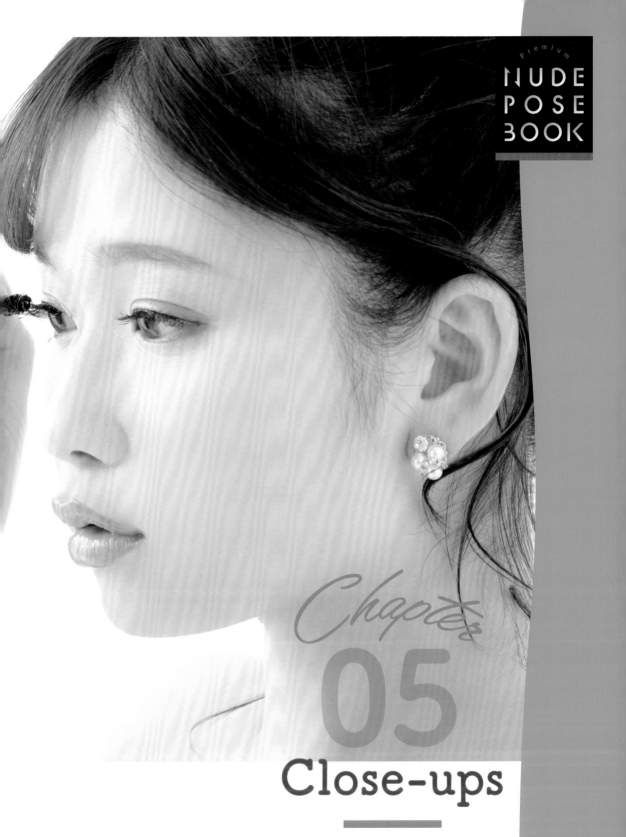

Chapter
05
Close-ups

嘴唇、眼睛、耳朵、後頸、
乳房，以及私處 etc⋯⋯
女性各個部位的婀娜風姿，
在極近距離之下表露無遺。

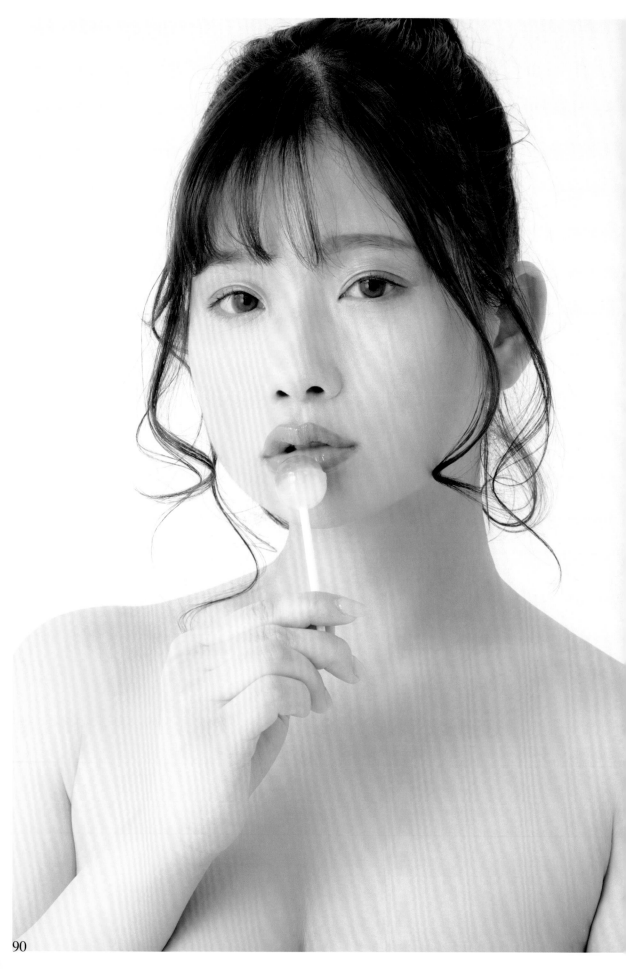

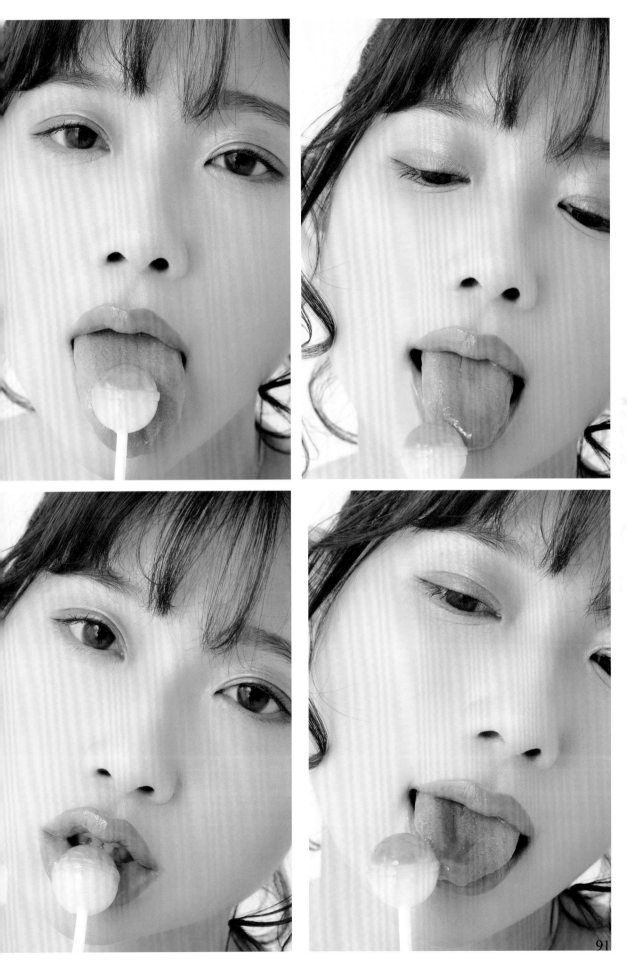

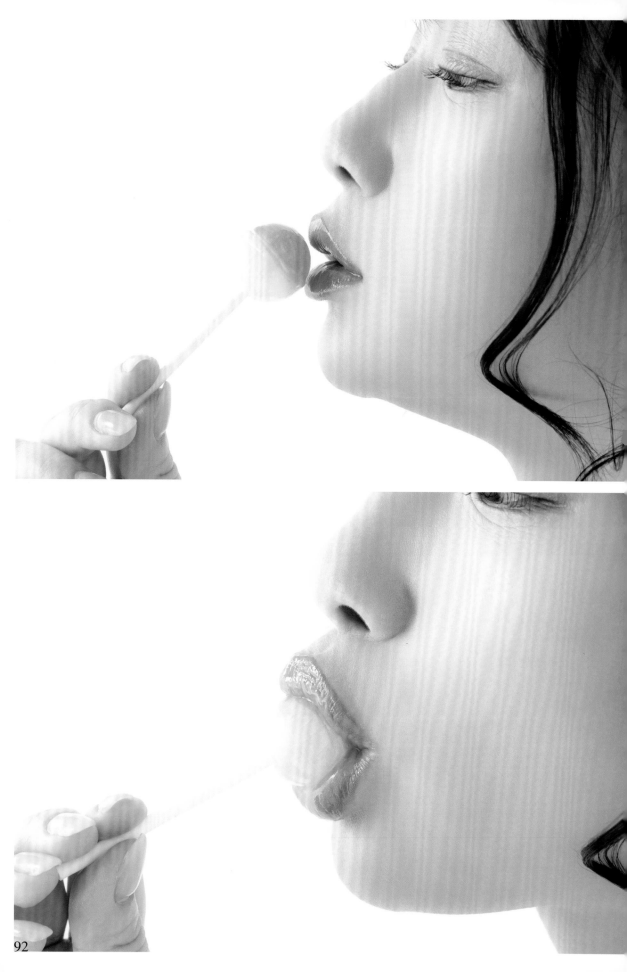

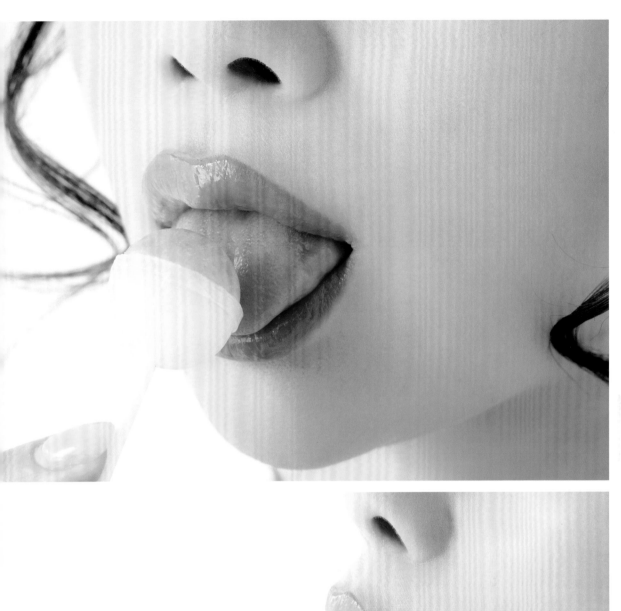

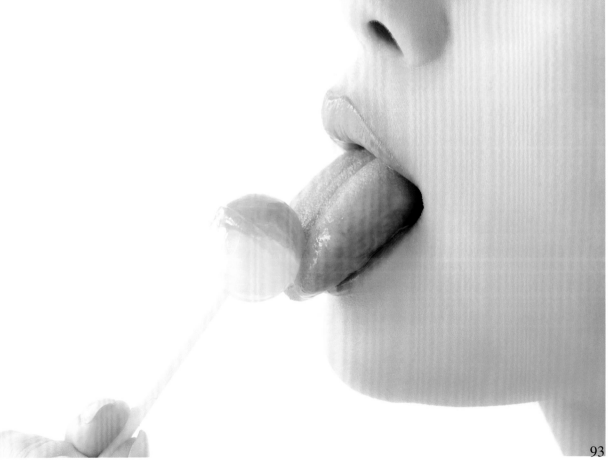

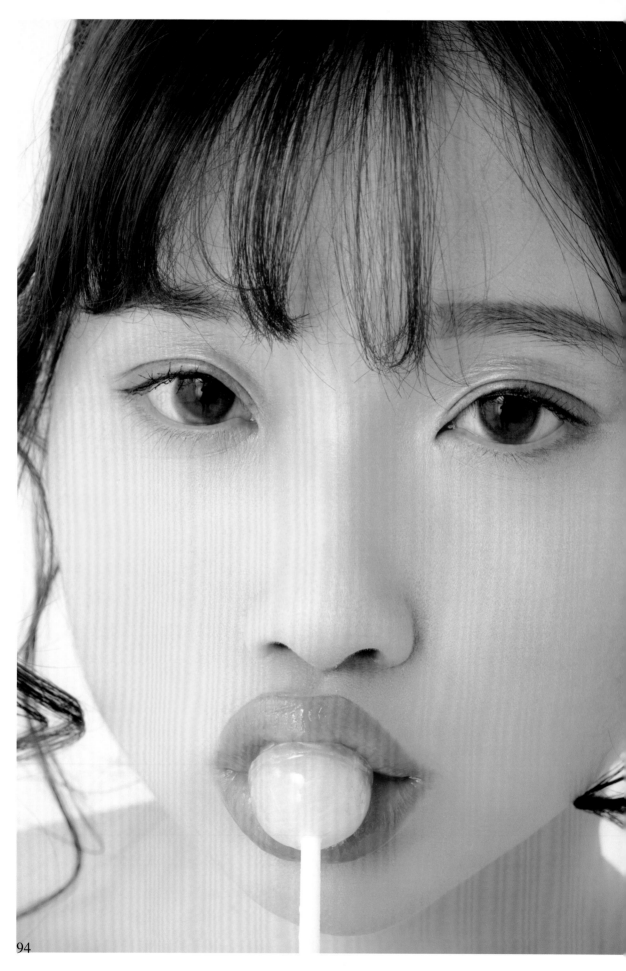

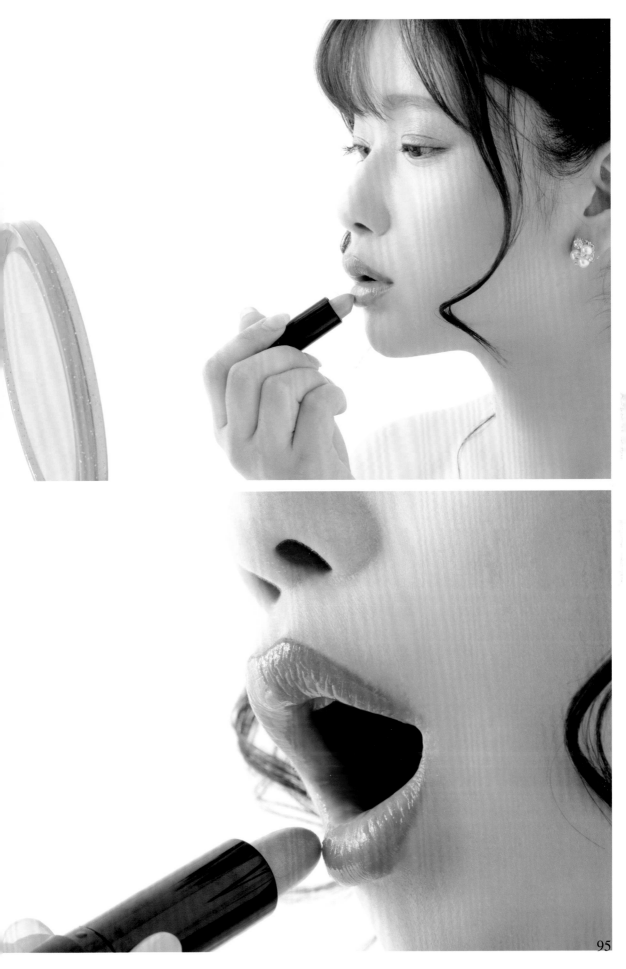

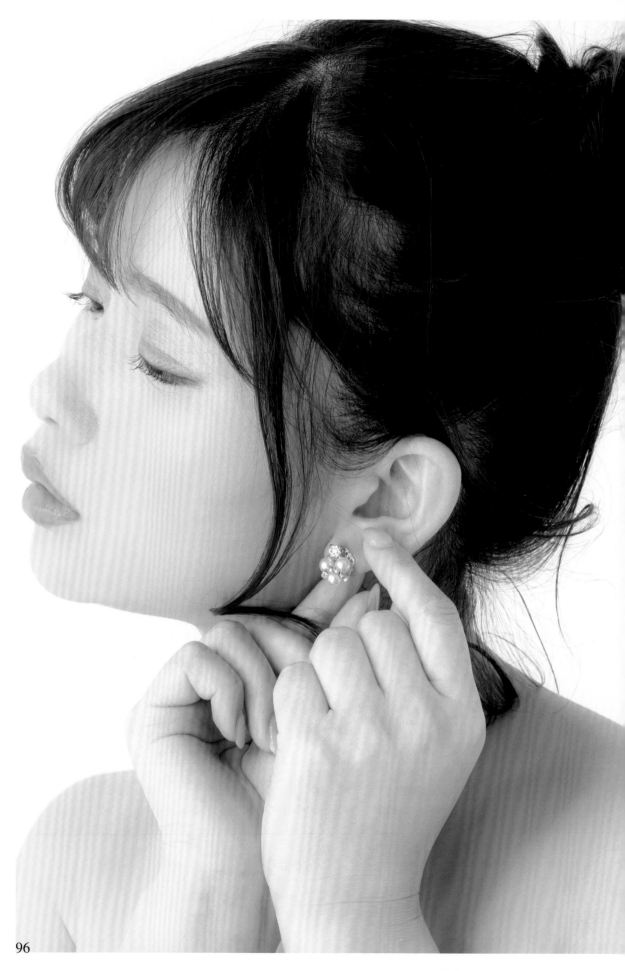

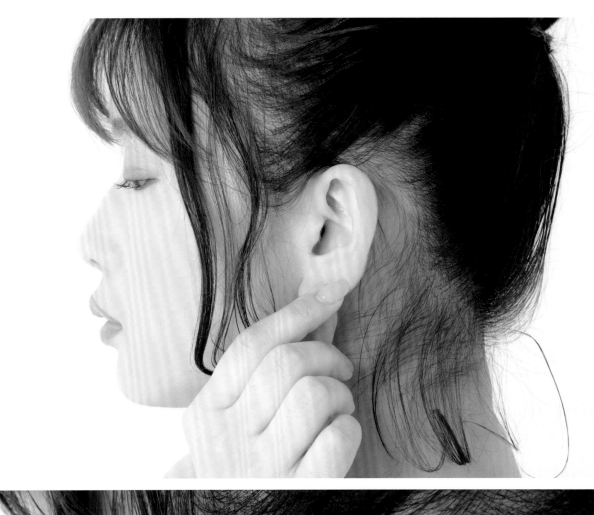
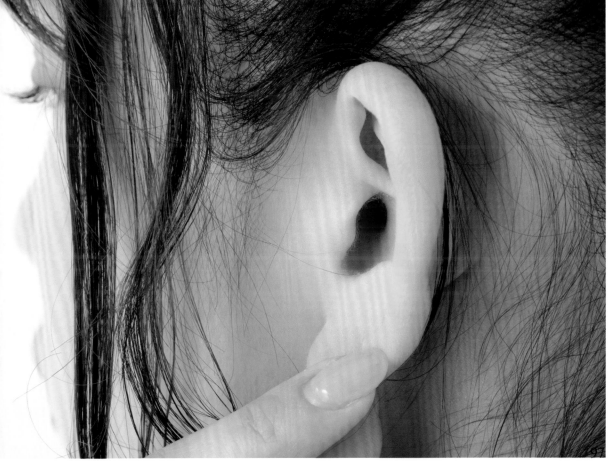

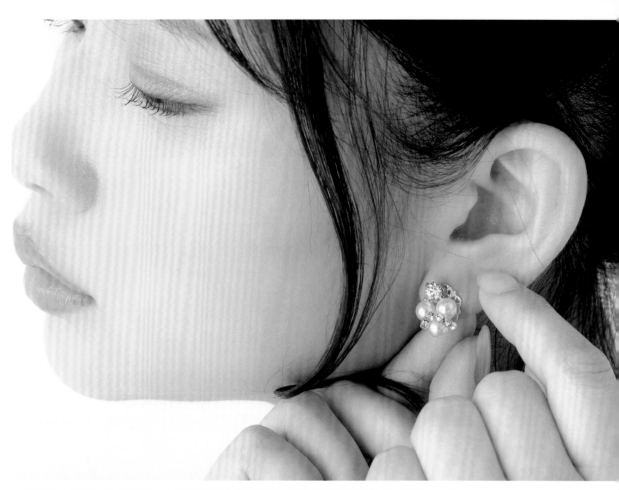

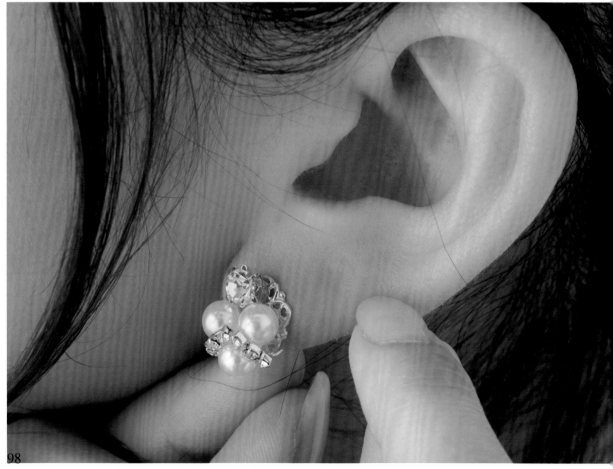

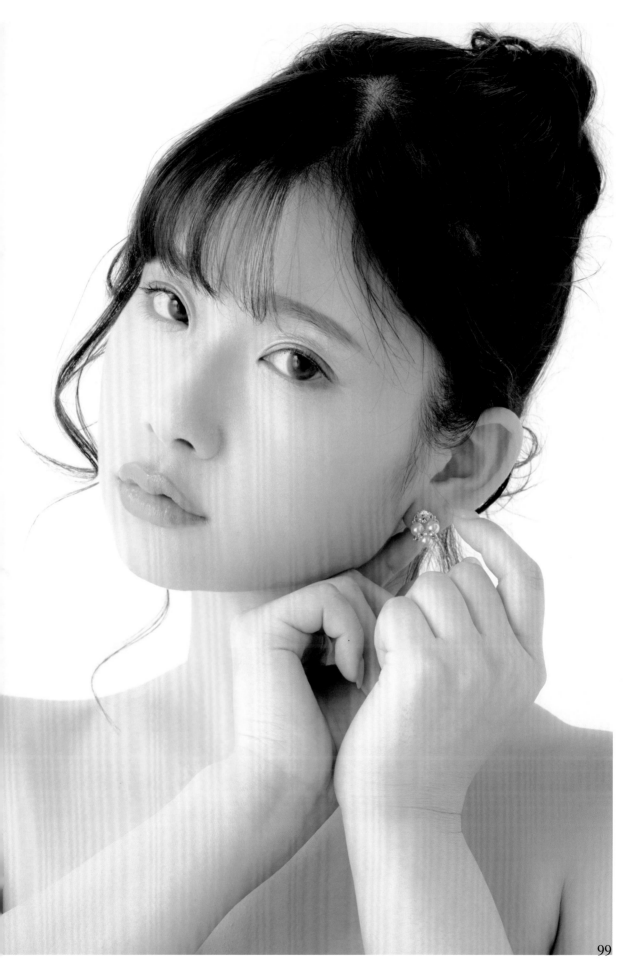

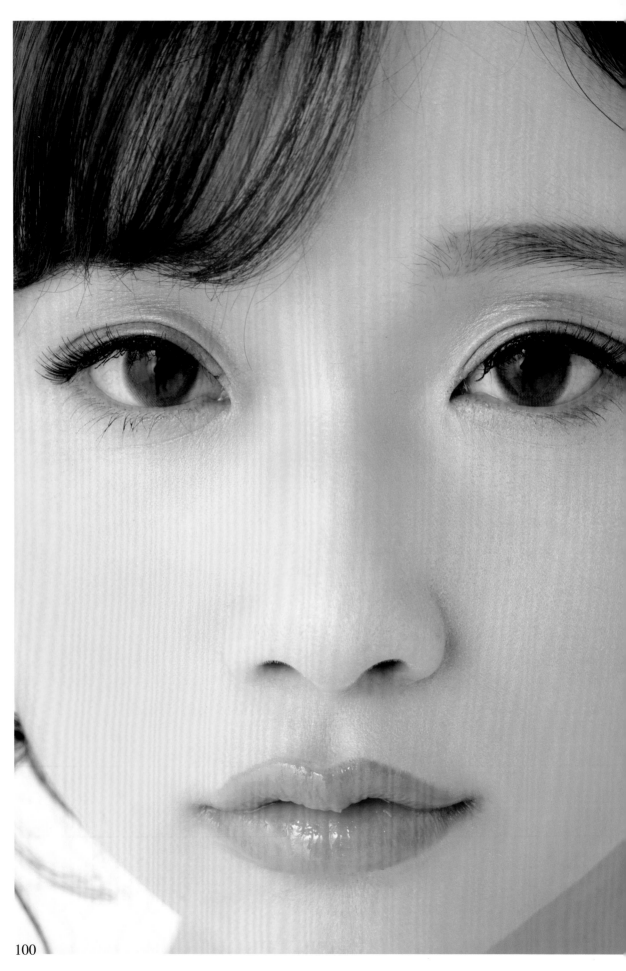

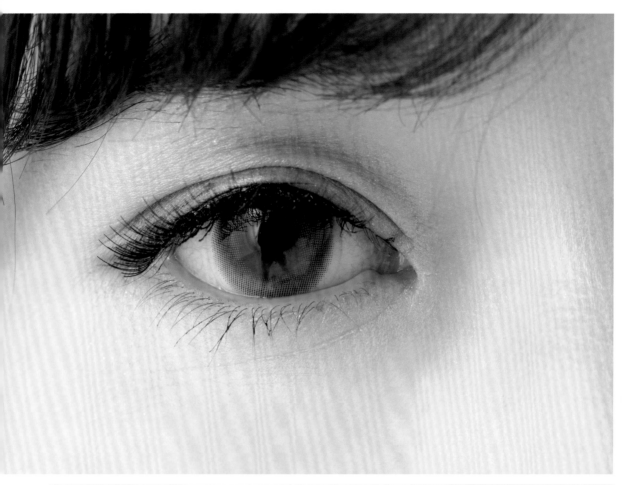

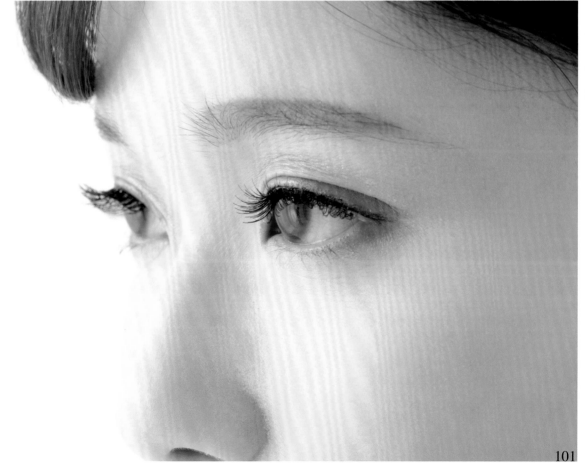

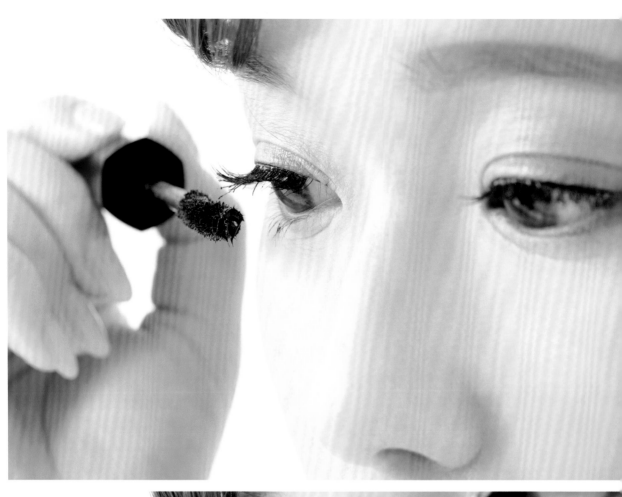

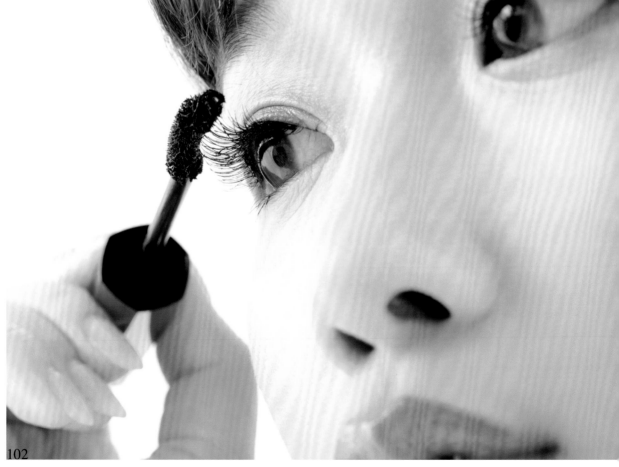

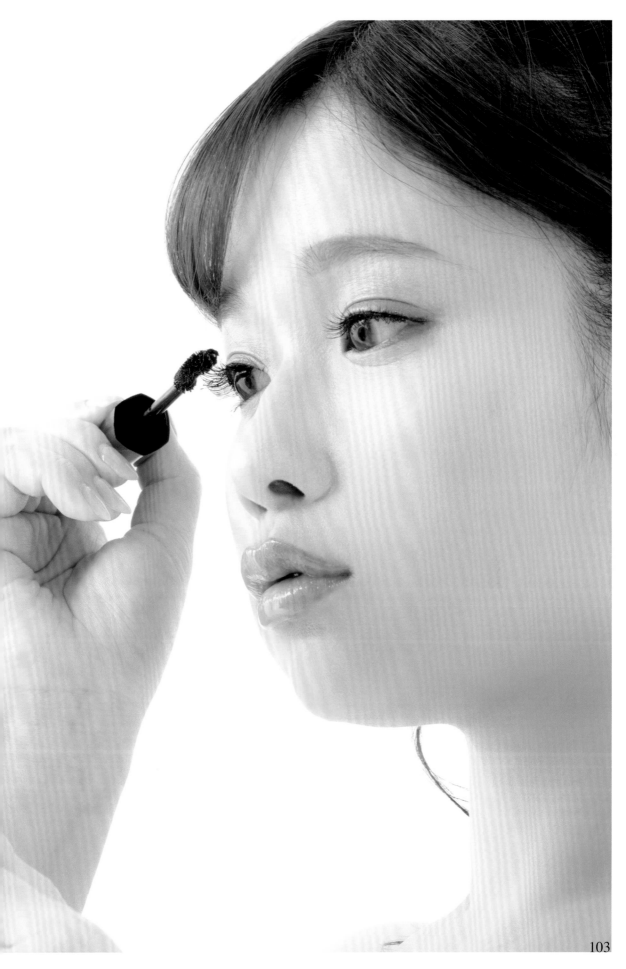

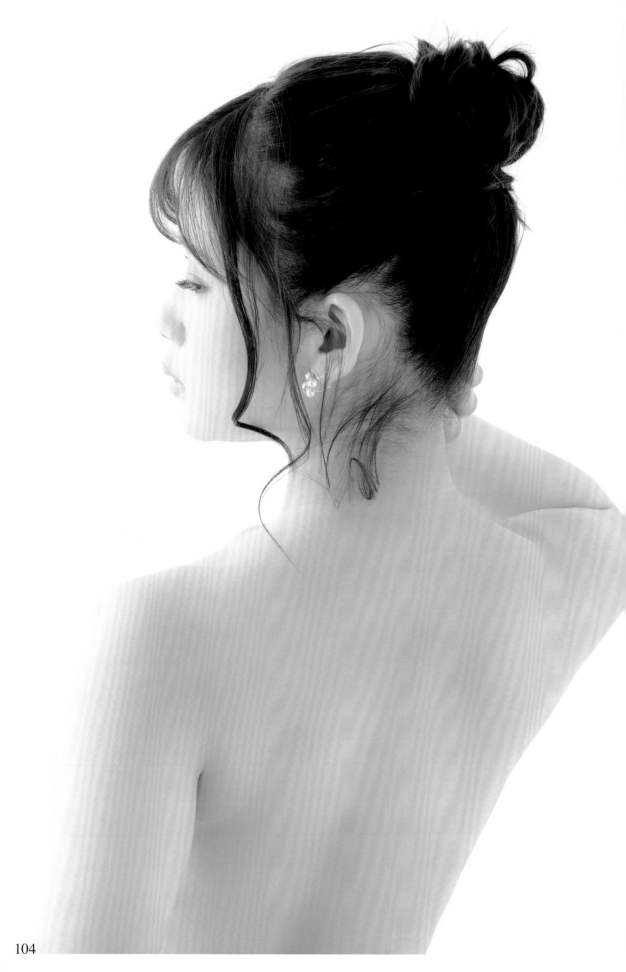

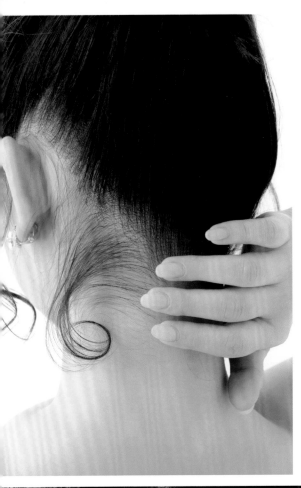
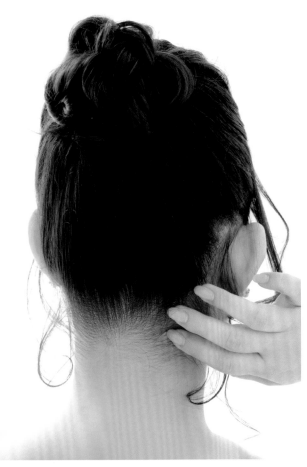
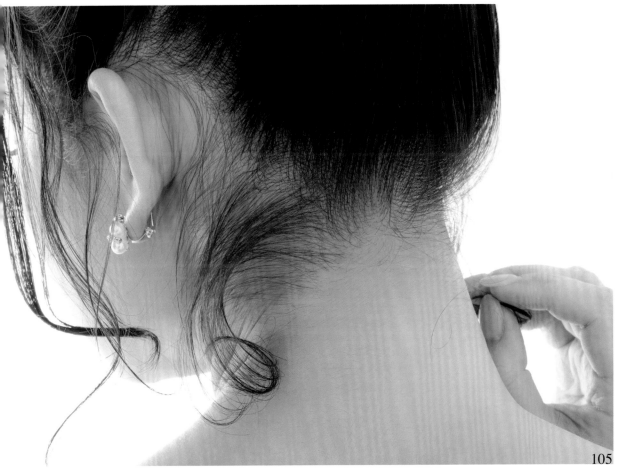

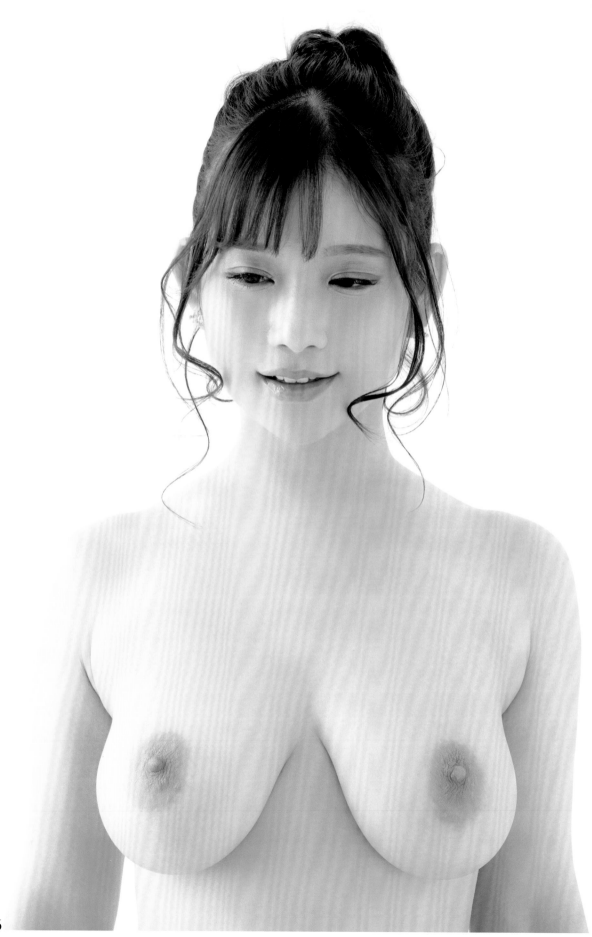

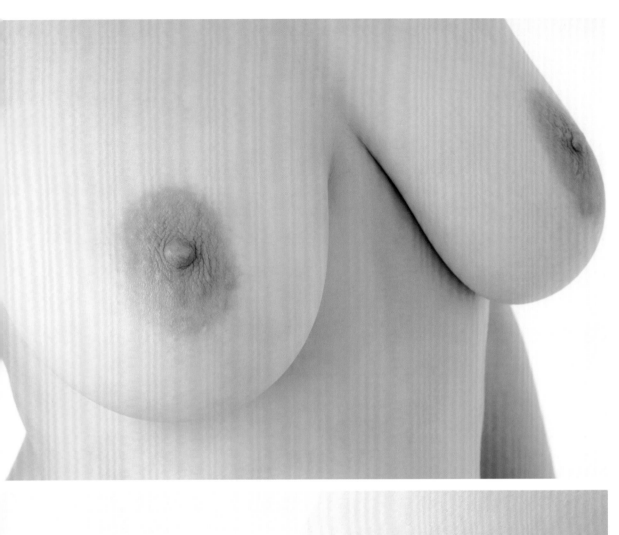

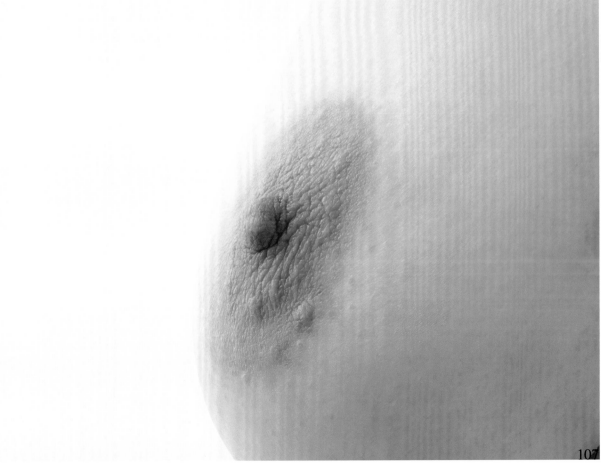

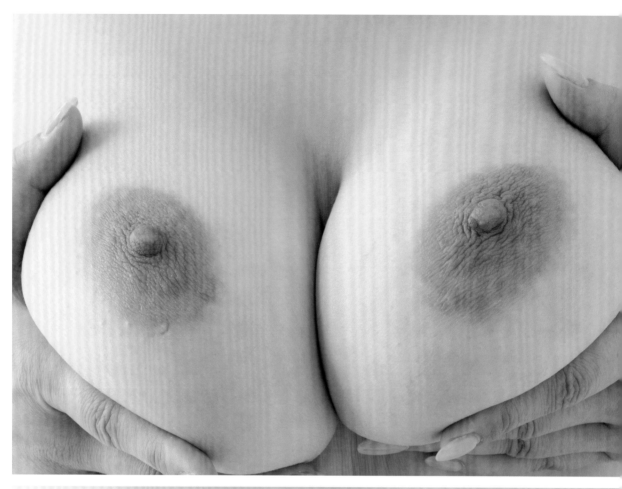

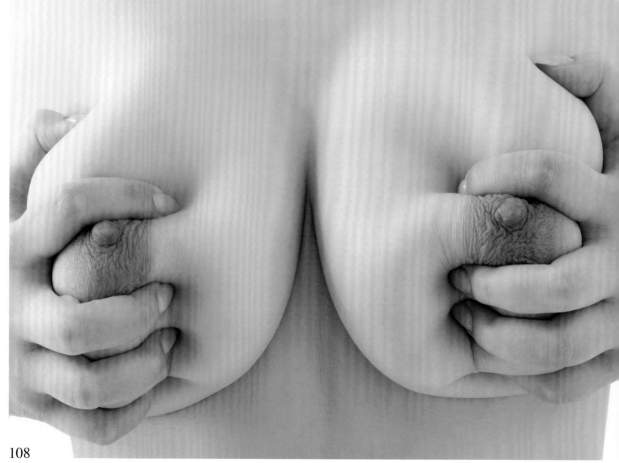

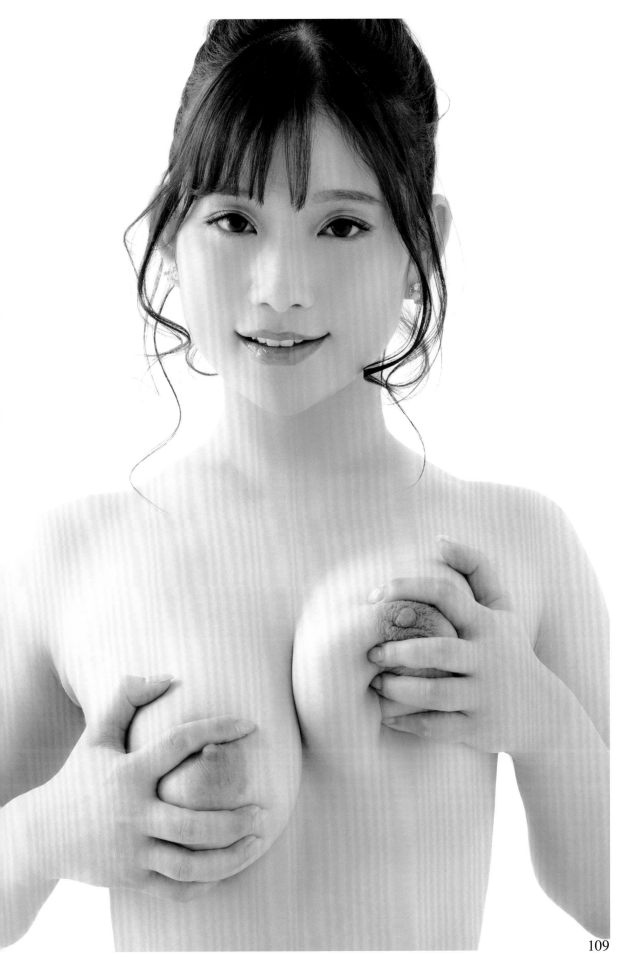

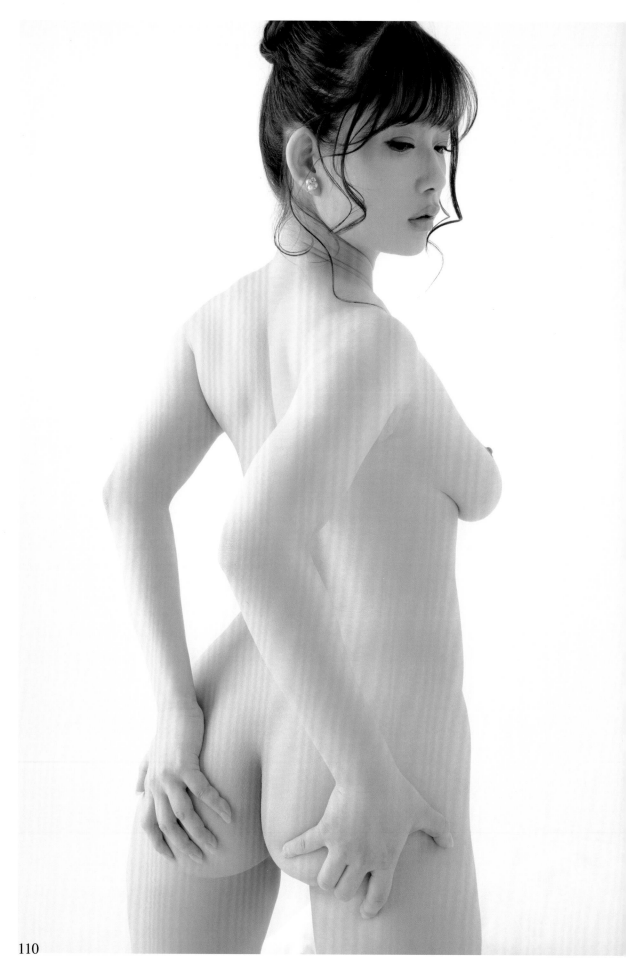

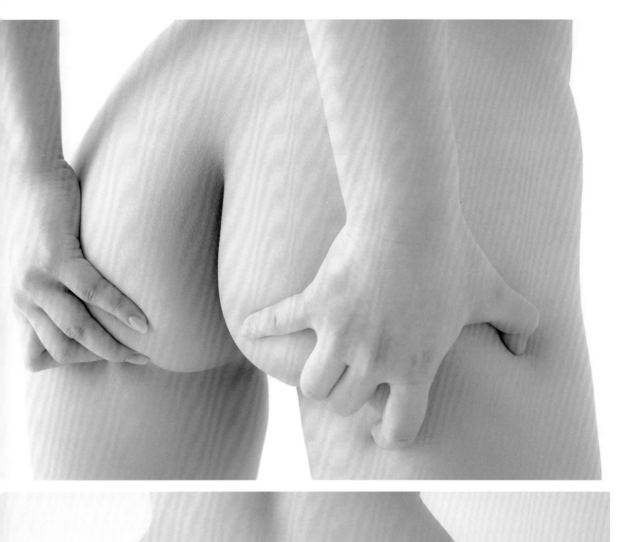

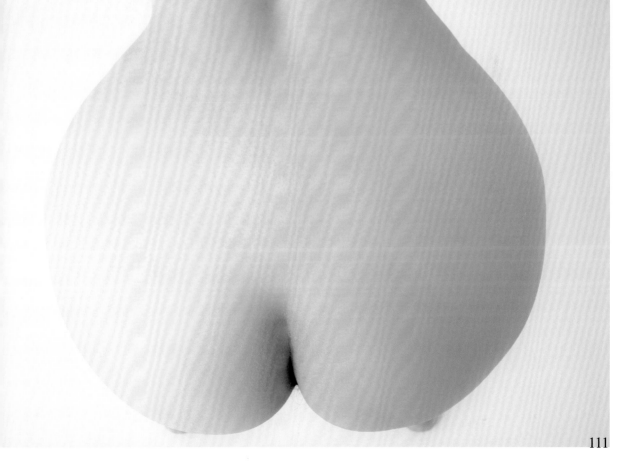

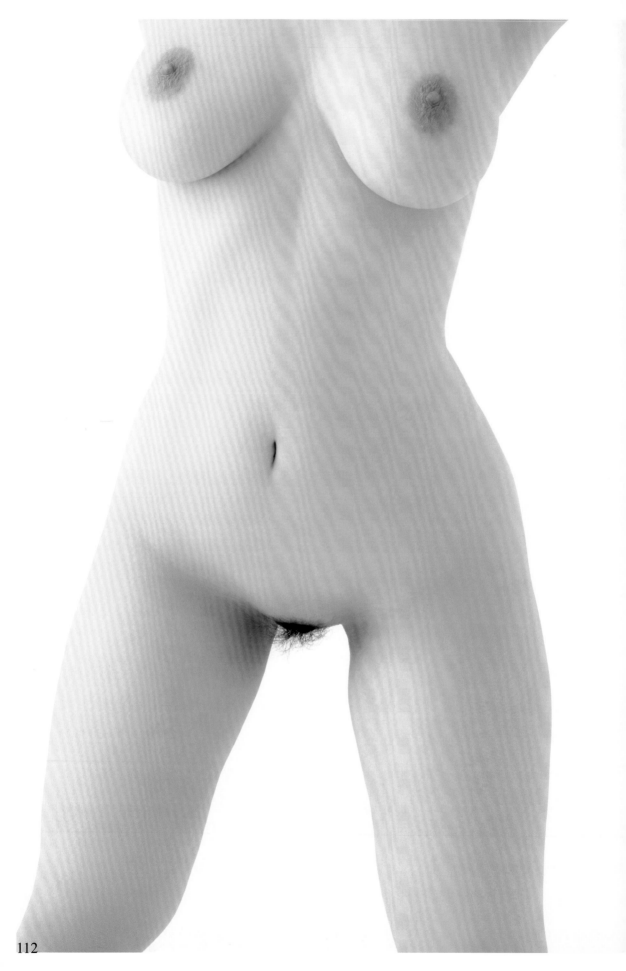

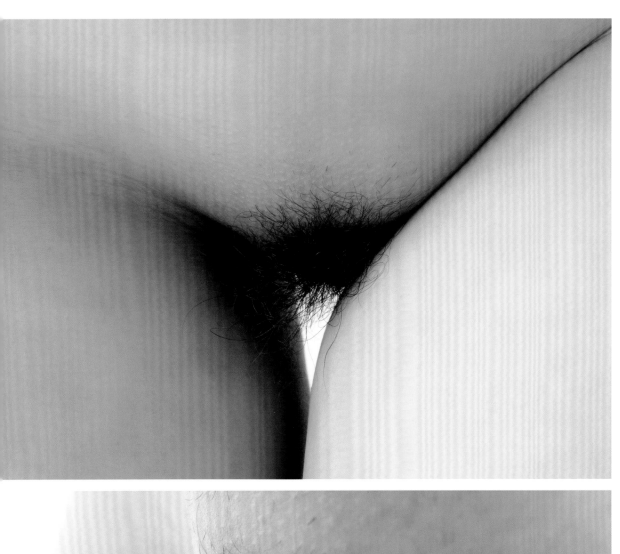

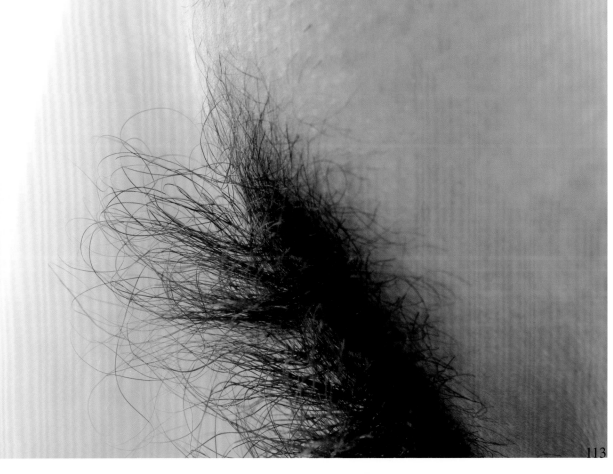

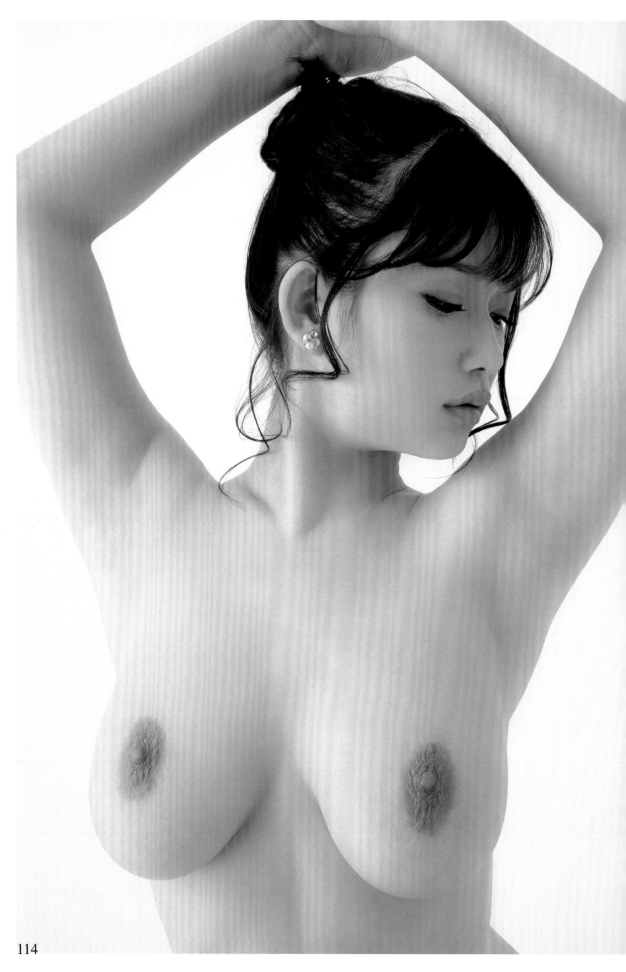

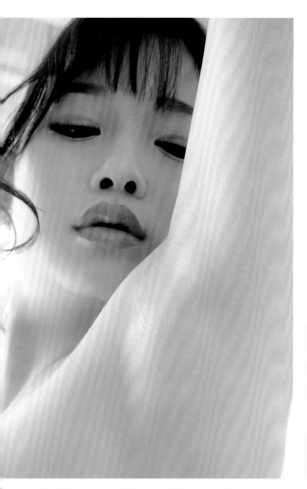
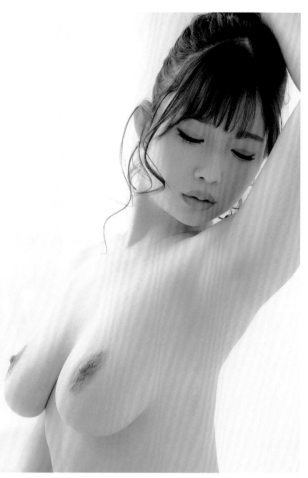
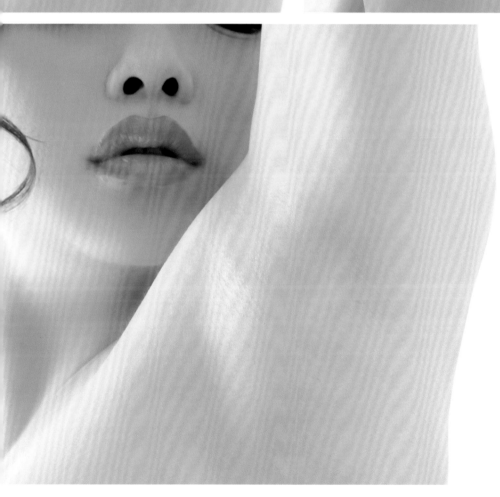

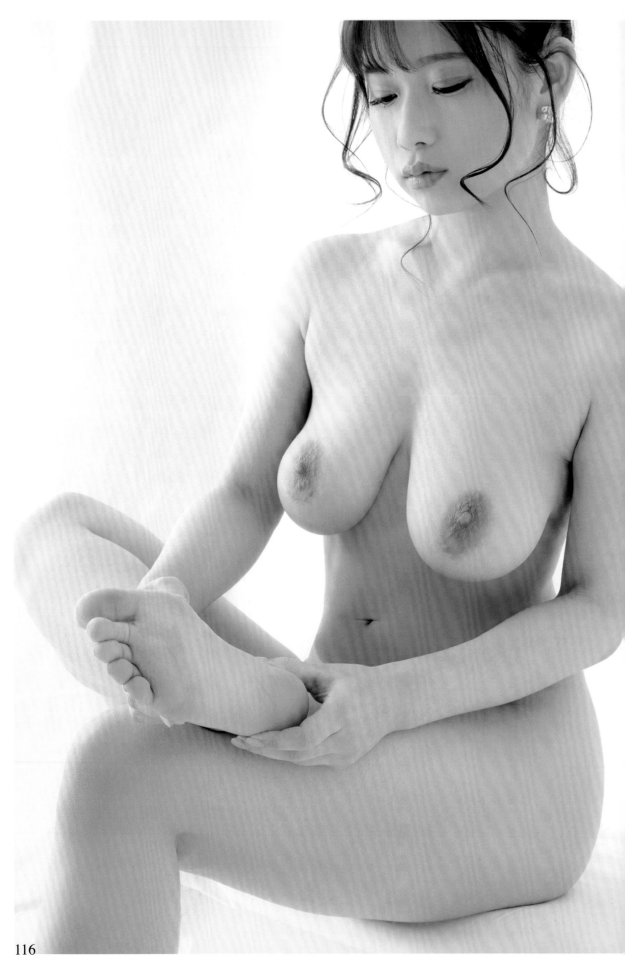

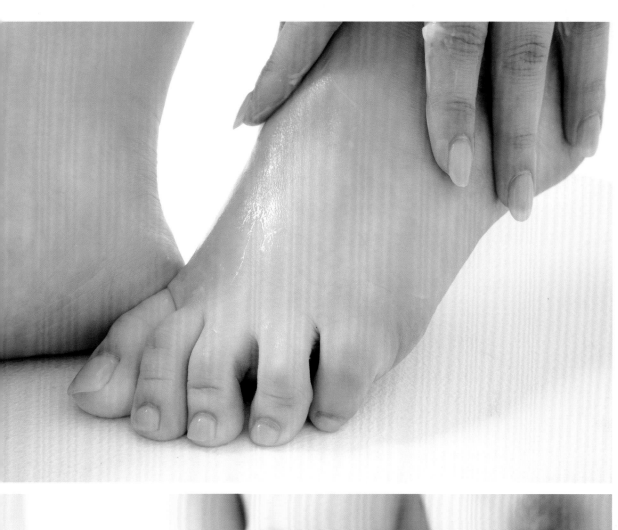

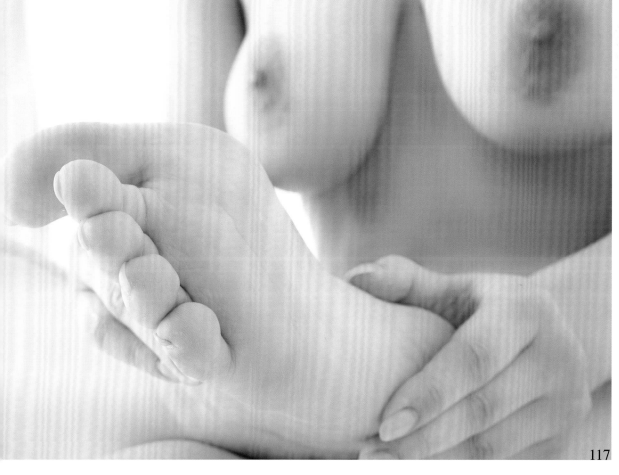

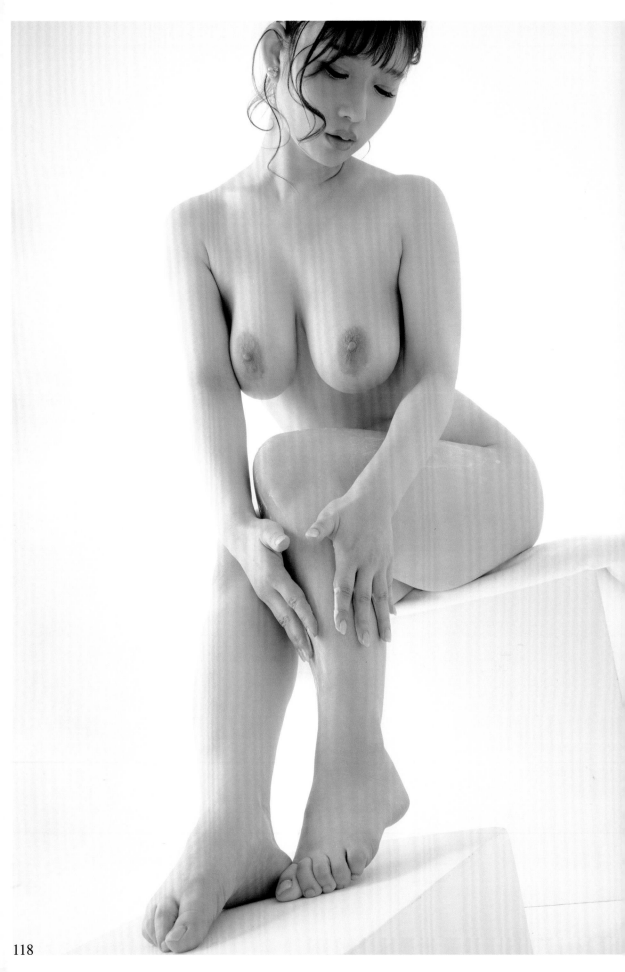

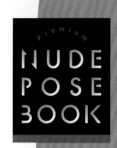

Chapter
06
Erotic Pose

集結了各種令人屏息的性感姿勢，
就讓如同伴隨愛人般的親密情意驅使畫筆在紙上飛舞吧。

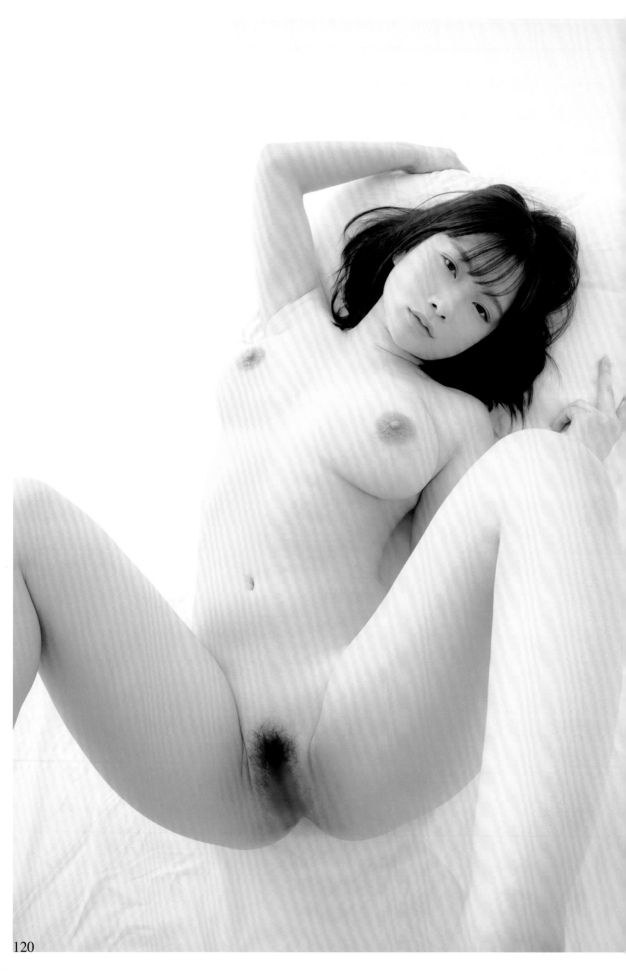

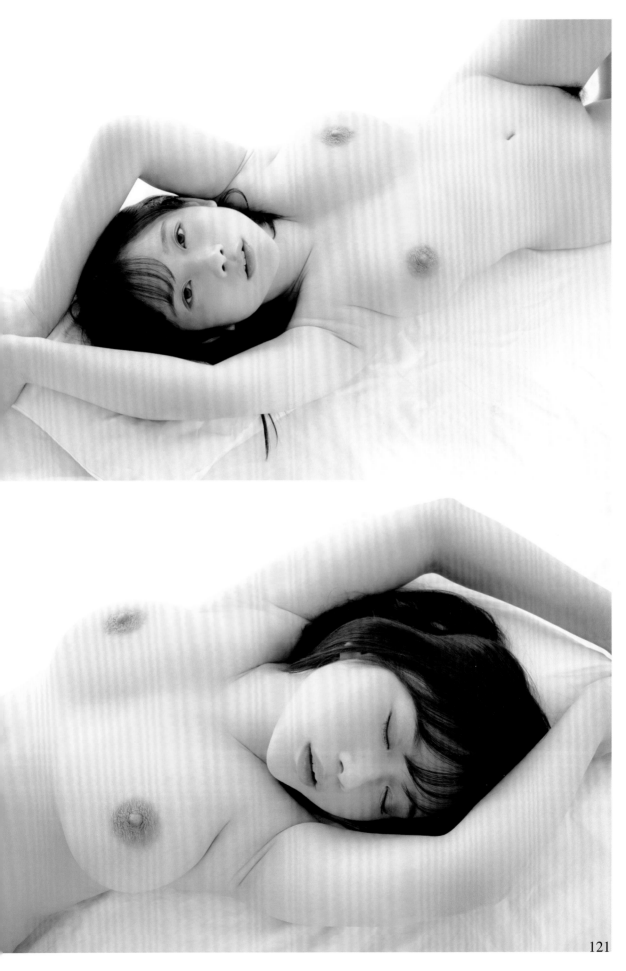

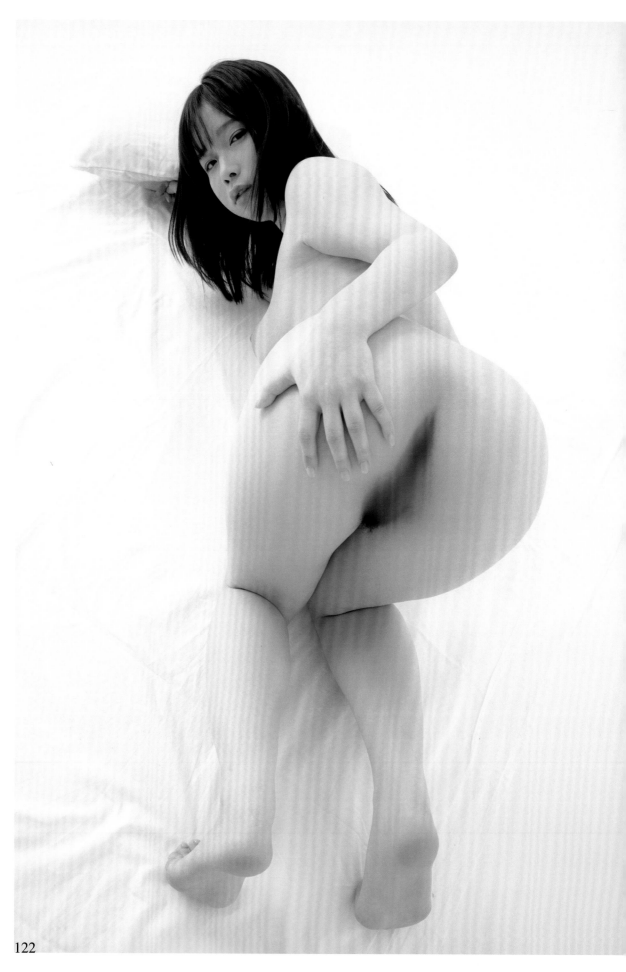

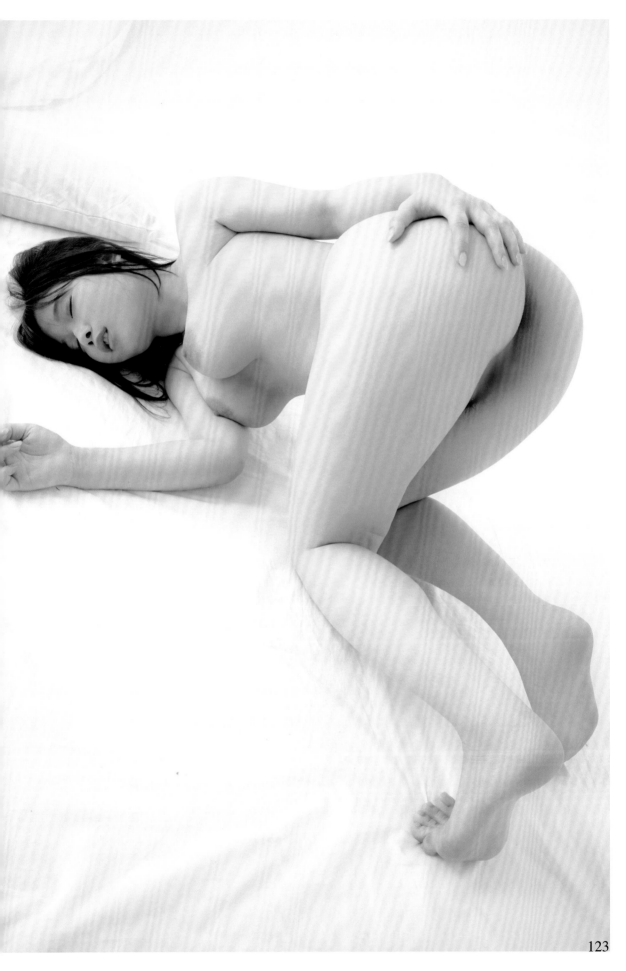

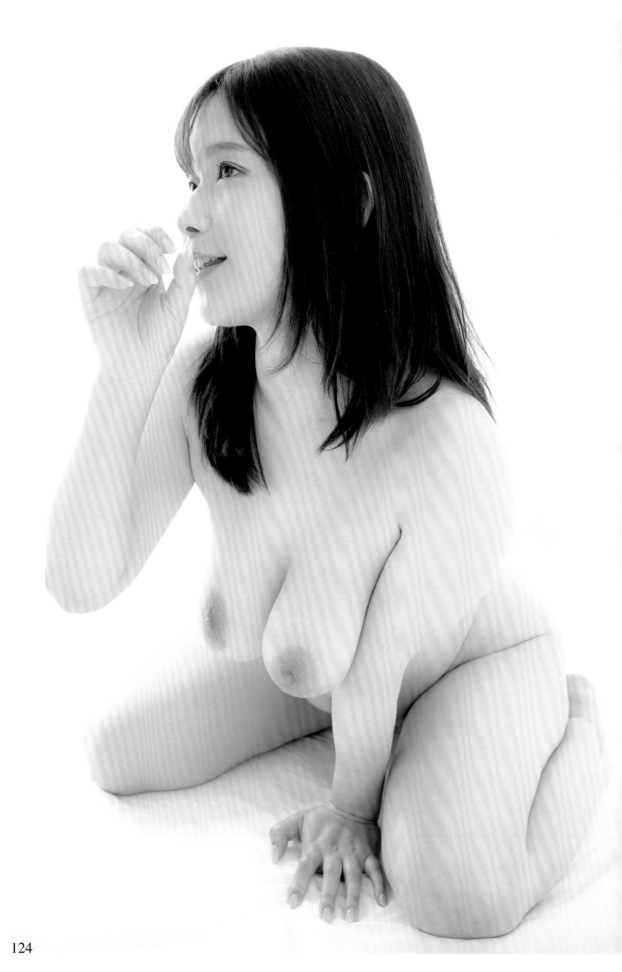

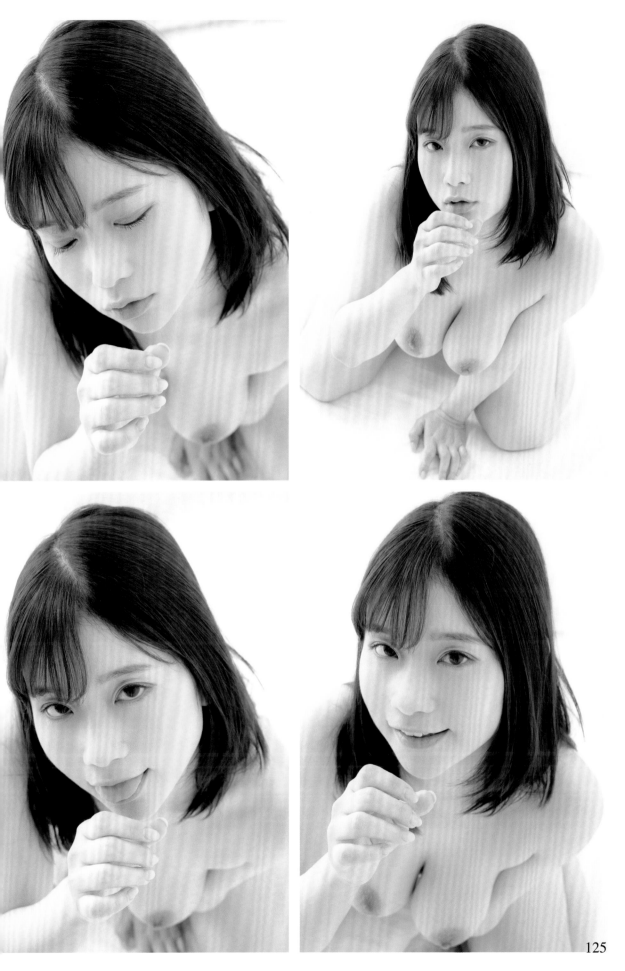

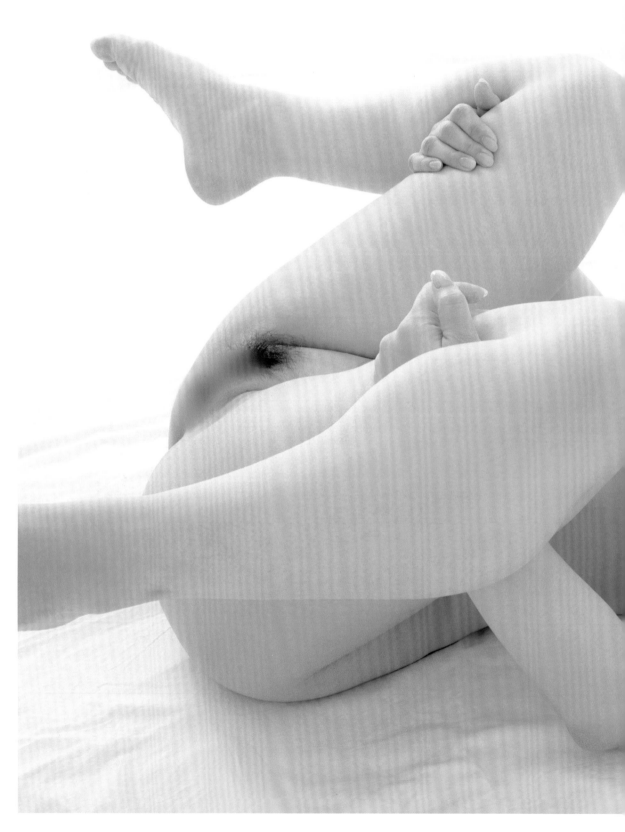

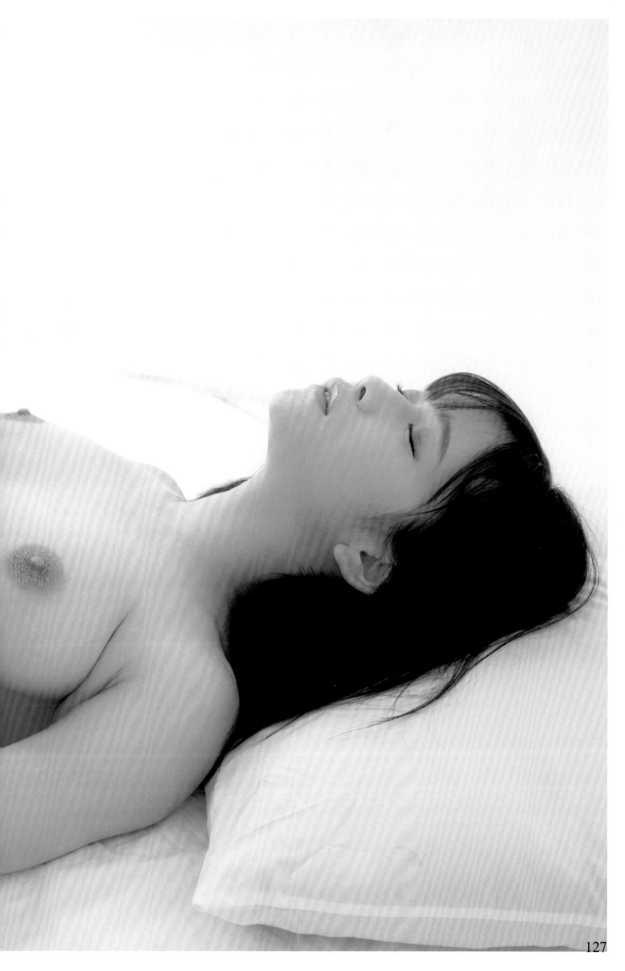

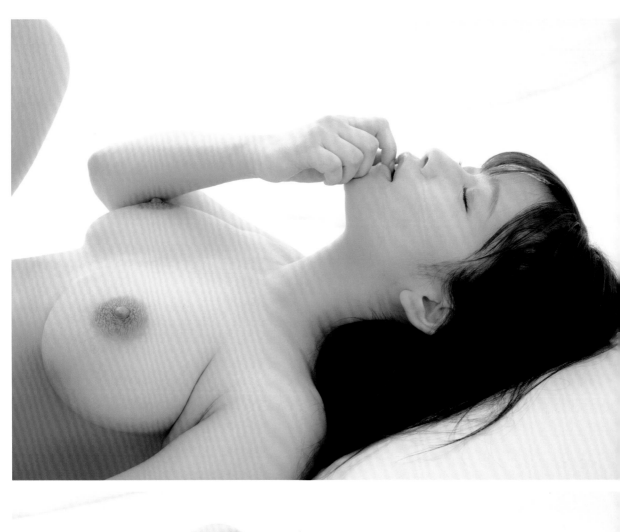

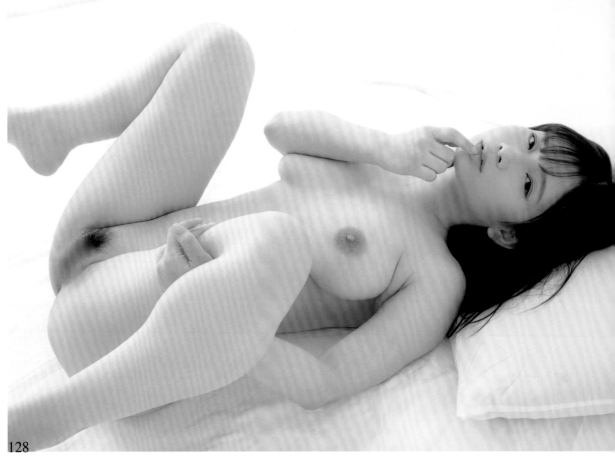

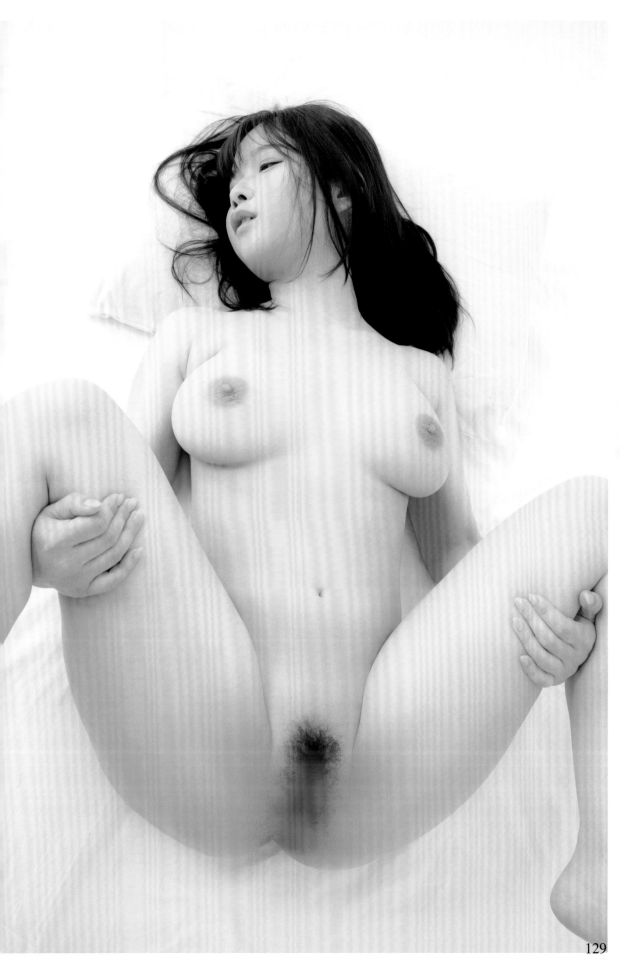

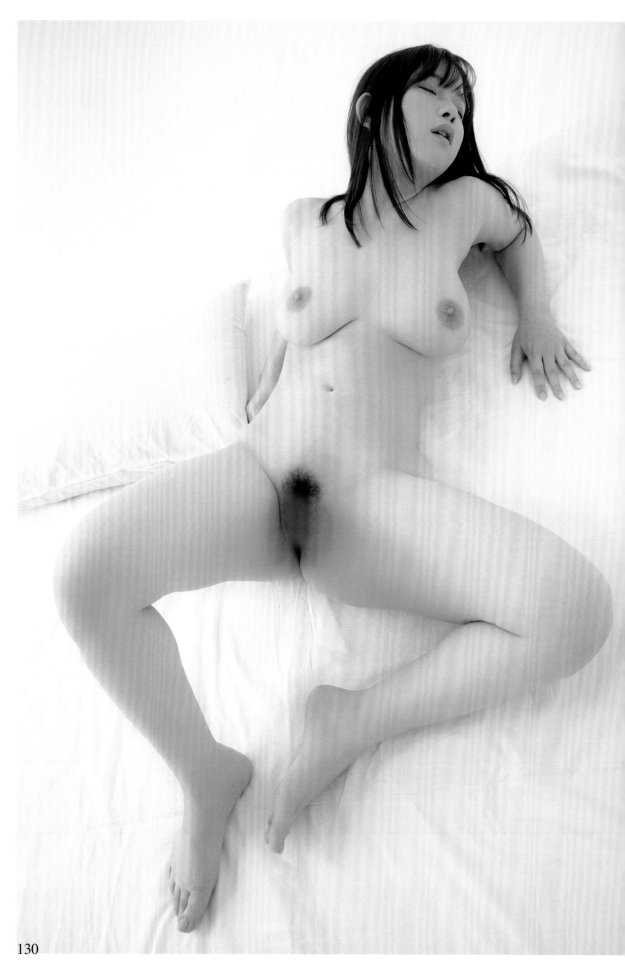

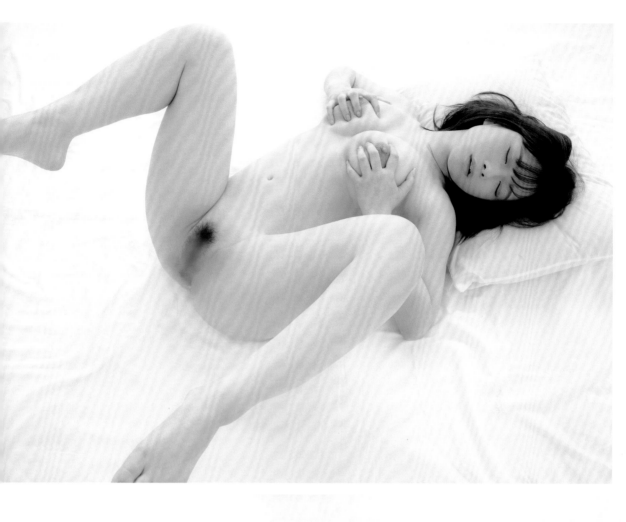

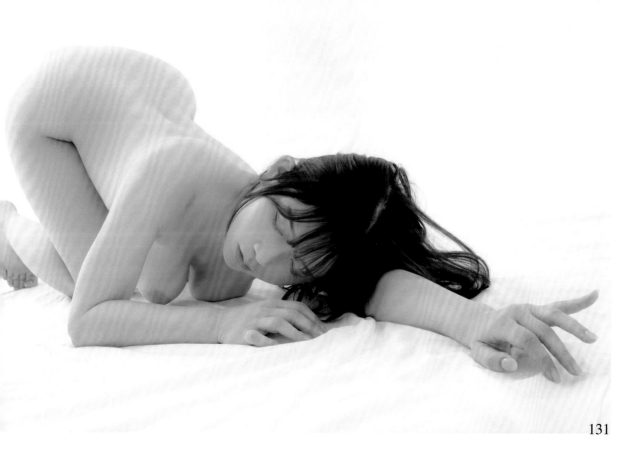

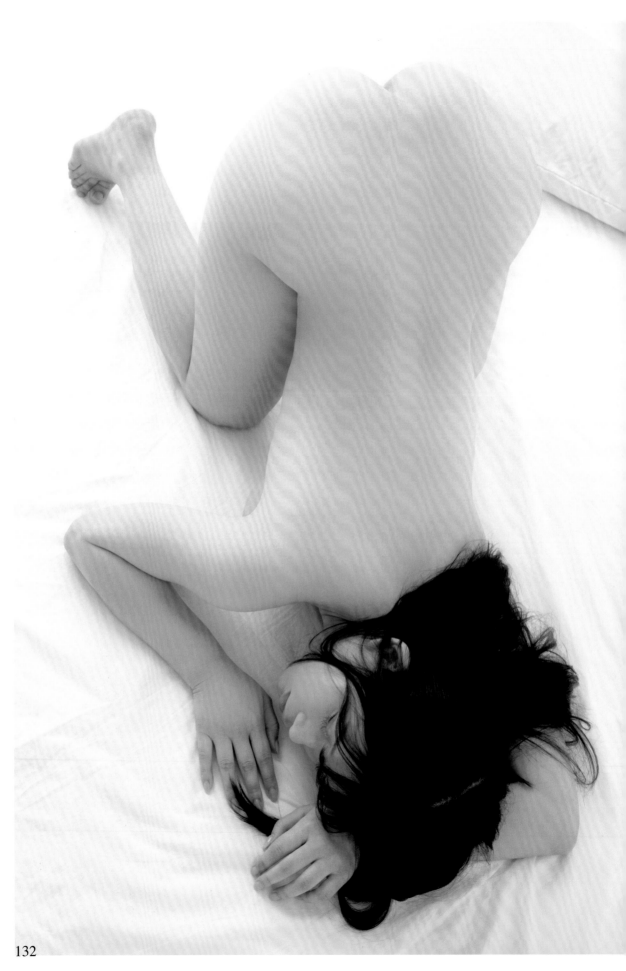

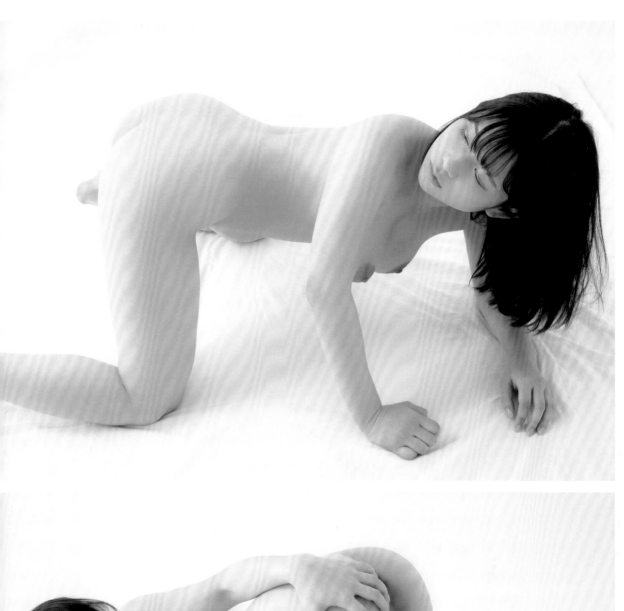

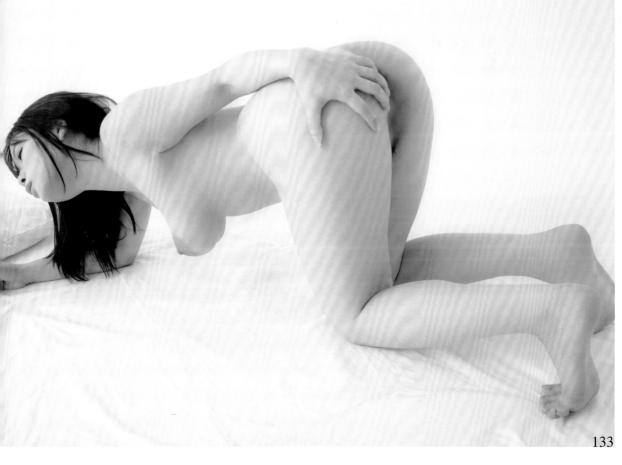

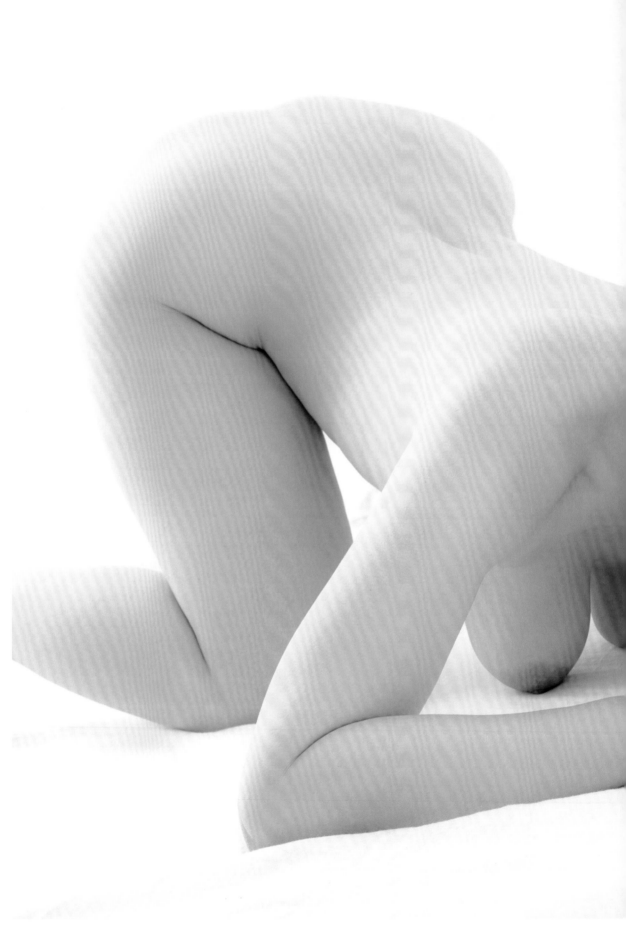

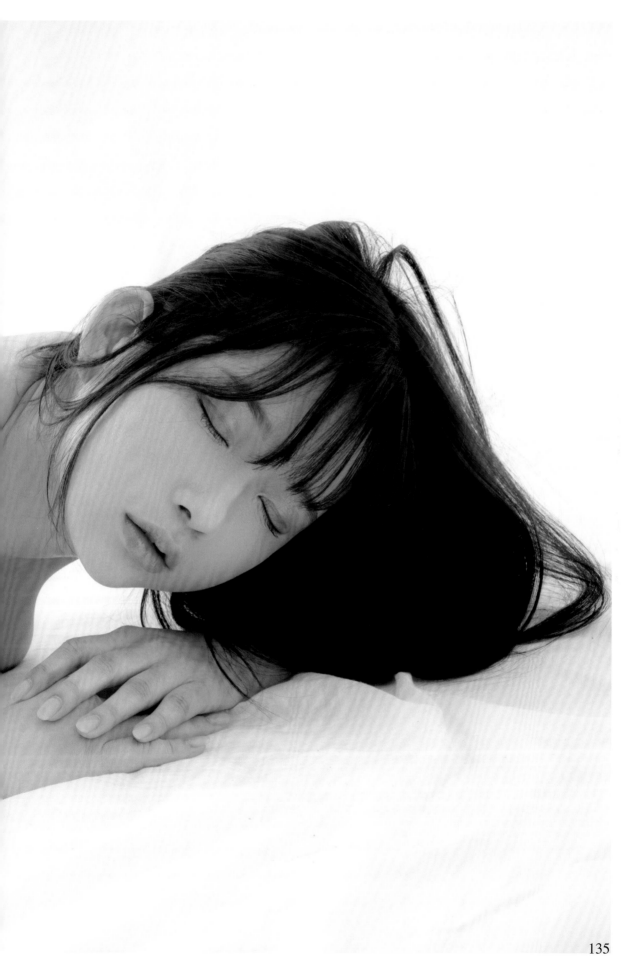

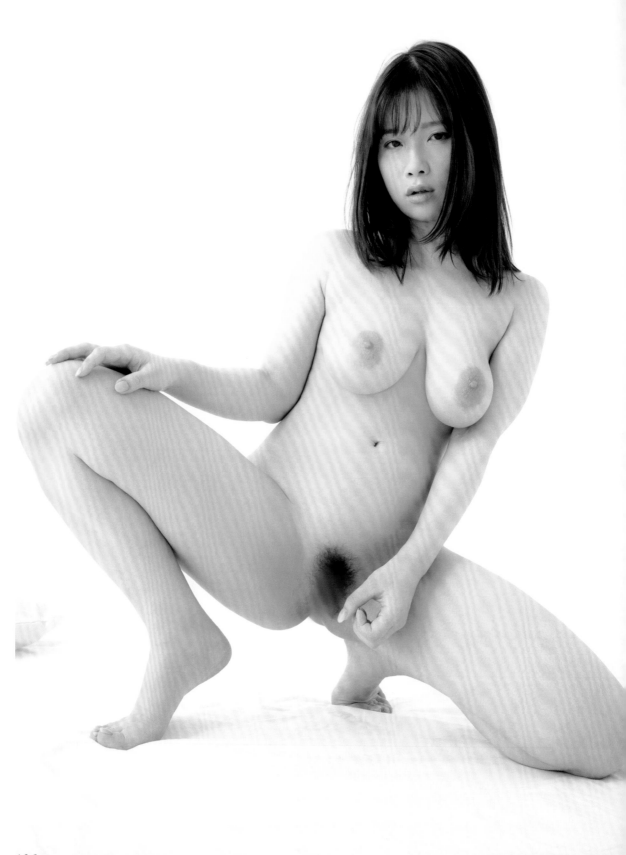

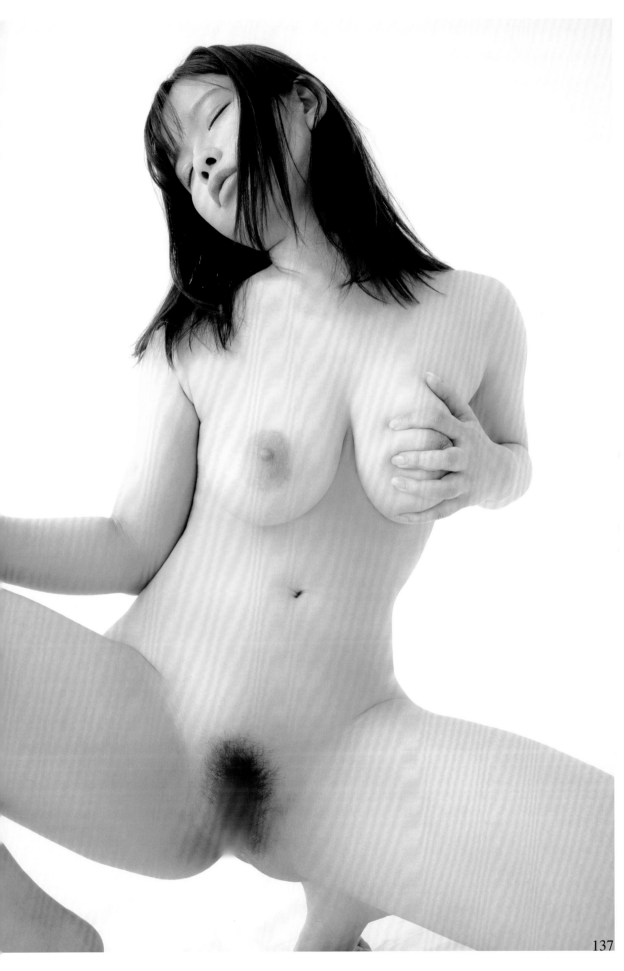

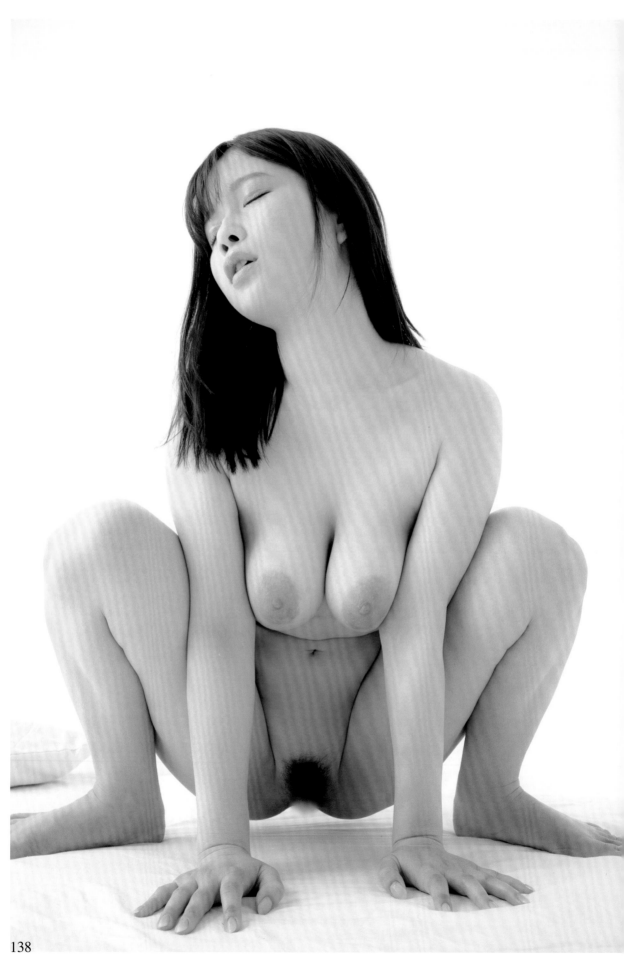

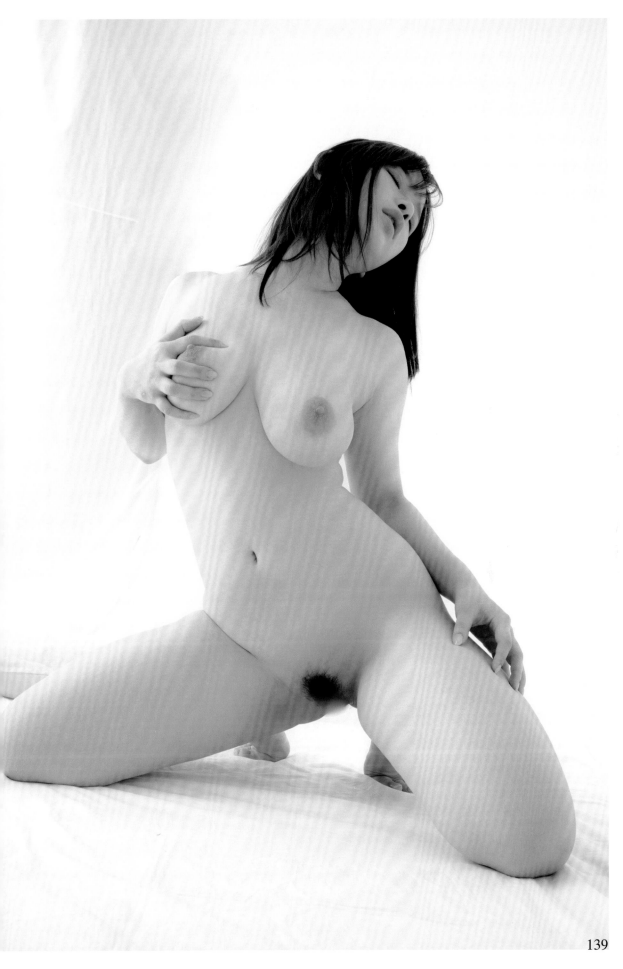

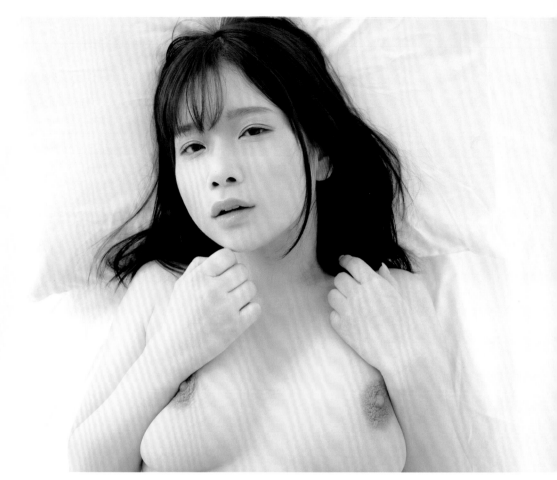

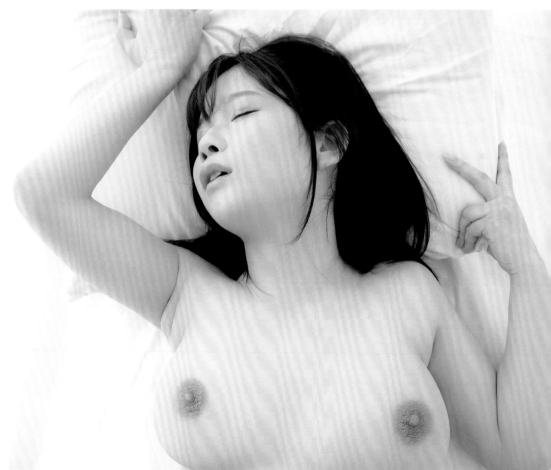

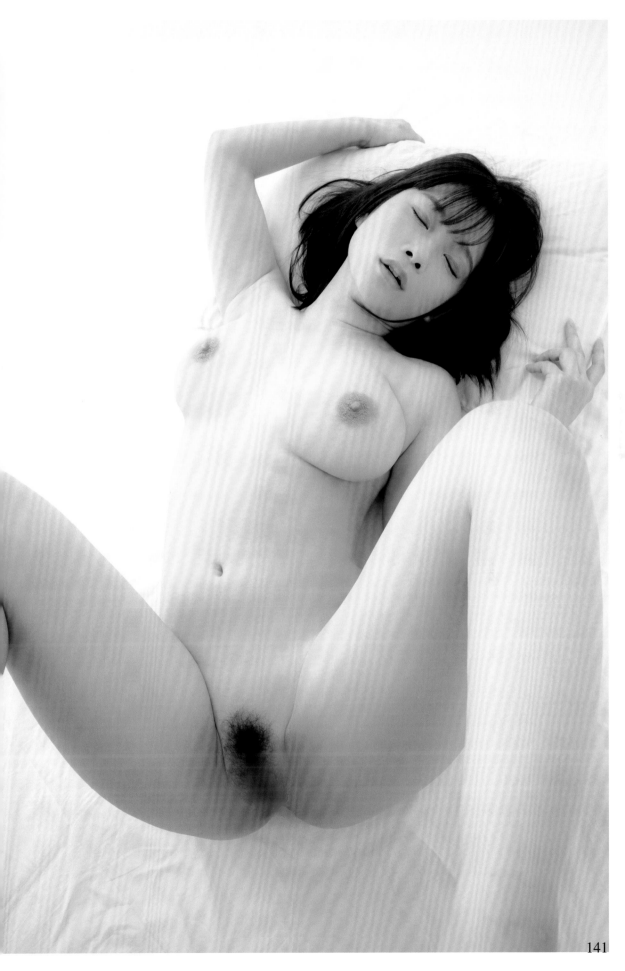

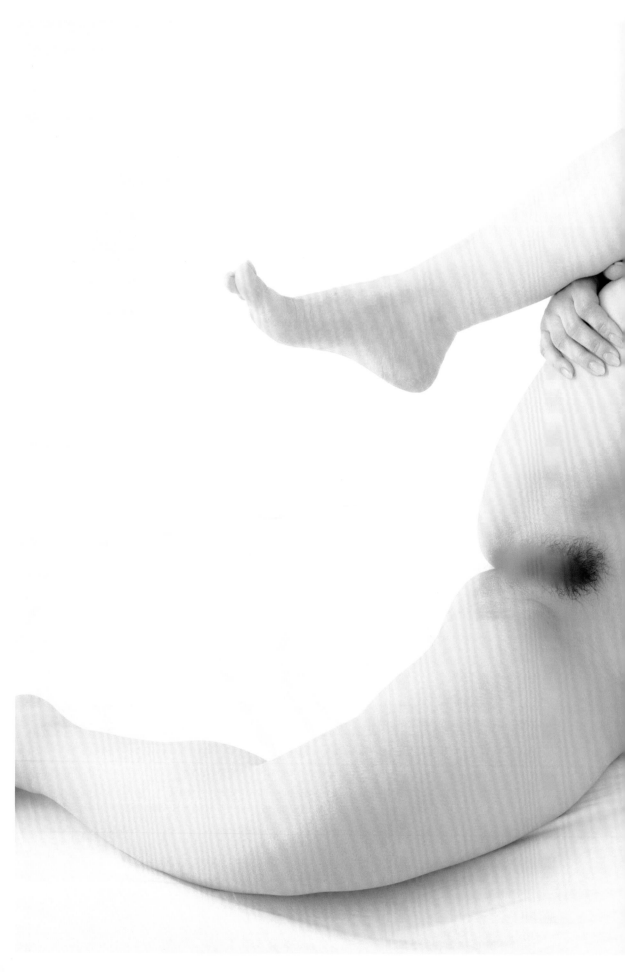

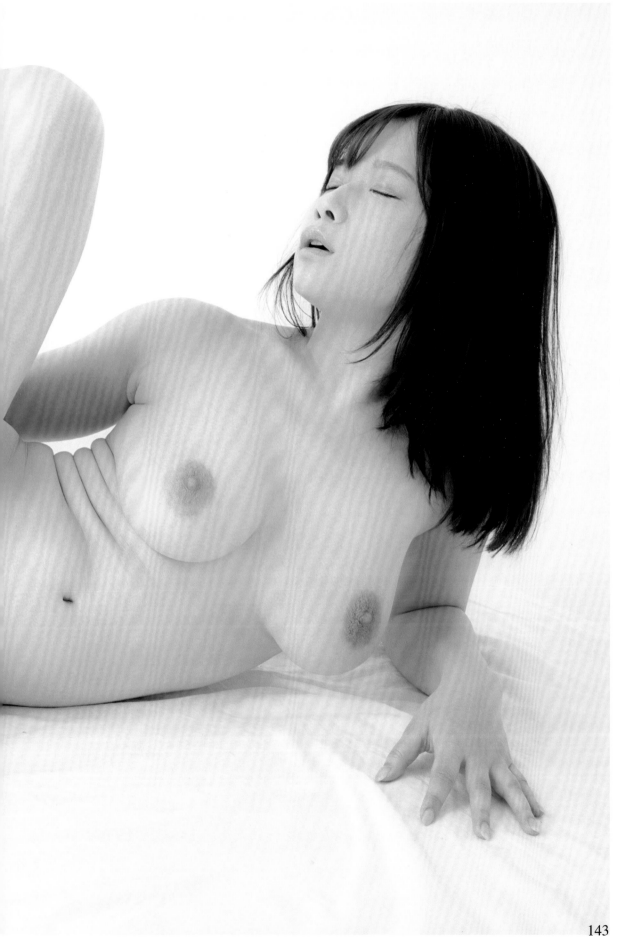

謝謝大家翻閱我的
第一本姿勢寫真集♡♡
這本書應該可以看透我
全身的每個部位!!（笑）
大家可要細細觀賞回味
今後也要繼續支持我喔！

Rena
桃園怜奈♡

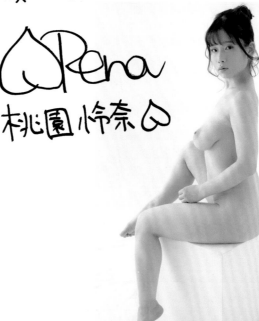

日文版 STAFF
妝髮＆造型：KAORI
封面／內文設計／加工：合同会社 MSK
模特兒經紀公司：Mine's
小道具協助：AWABEES（アワビーズ）

典藏裸體姿勢集 桃園怜奈
2024 年 7 月 1 日初版第一刷發行

攝　　影　田村浩章
譯　　者　何姵儀
主　　編　陳其衍
發 行 人　若森稔雄
發 行 所　台灣東販股份有限公司
　　　　　＜地址＞台北市南京東路 4 段 130 號 2F-1
　　　　　＜電話＞(02)2577-8878
　　　　　＜傳真＞(02)2577-8896
　　　　　＜網址＞http://www.tohan.com.tw
郵撥帳號　1405049-4
法律顧問　蕭雄淋律師
總 經 銷　聯合發行股份有限公司
　　　　　＜電話＞(02)2917-8022

著作權所有，禁止翻印轉載。
購買本書者，如遇缺頁或裝訂錯誤，
請寄回調換（海外地區除外）。
Printed in Taiwan

TOHAN

PREMIUM NUDE POSE BOOK RENA MOMOZONO
© HIROAKI TAMURA 2022
Originally published in Japan in 2022 by
GOT Corporation,TOKYO.
Traditional Chinese translation rights arranged with
GOT Corporation ,TOKYO,
through TOHAN CORPORATION, TOKYO.

國家圖書館出版品預行編目 (CIP) 資料

典藏裸體姿勢集 桃園怜奈／田村浩章攝影；何姵儀譯.
-- 初版. -- 臺北市：臺灣東販, 2024.07
144 面：18.2×25.7 公分
ISBN 978-626-379-459-7（平裝）

1.CST：人體畫 2.CST：裸體 3.CST：繪畫技法

947.23　　　　　　　　　　　　　　113007664

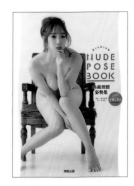
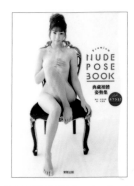
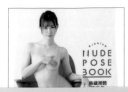
典藏裸體姿勢集

ISBN 978-626-379-459-7
9 786263 794597
00550
東販出版　定價550元

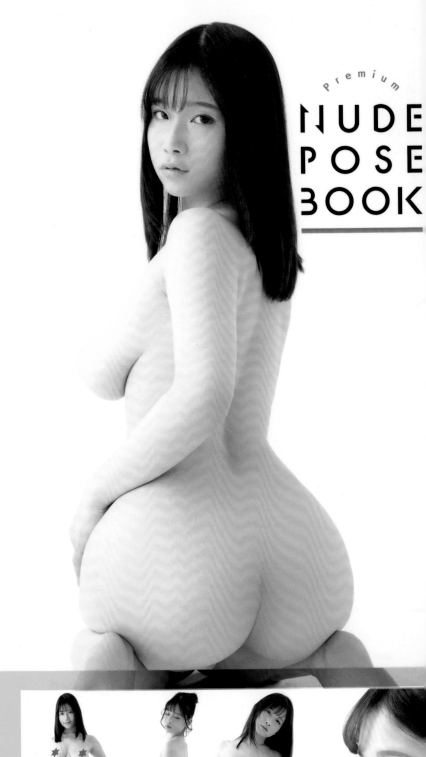

Premium

NUDE
POSE
BOOK

囊括素描基本姿勢的

官能體態
及角色扮演

盡展女體之美!!

由六個章節所構成